重新发现日本

［日］中田英寿 主编
张玉娇 译

中信出版集团｜北京

图书在版编目（CIP）数据

重新发现日本 / (日) 中田英寿主编 ; 张玉娇译
. -- 北京 : 中信出版社, 2020.5(2021.5重印)
ISBN 978-7-5217-1332-9

Ⅰ. ①重… Ⅱ. ①中… ②张… Ⅲ. ①旅游指南－日本 Ⅳ. ①K931.39

中国版本图书馆CIP数据核字(2020)第004078号

重新发现日本

主　　编：[日] 中田英寿
译　　者：张玉娇
出版发行：中信出版集团股份有限公司
（北京市朝阳区惠新东街甲4号富盛大厦2座　邮编　100029）
承 印 者：北京尚唐印刷包装有限公司

开　　本：787mm × 1092mm　1/16　　印　　张：11　　字　　数：110千字
版　　次：2020年5月第1版　　印　　次：2021年5月第3次印刷
京权图字：01－2019－7307
书　　号：ISBN 978－7－5217－1332－9
定　　价：69.00元

为了了解真正的日本，我开始了这次旅行。

通过走访47个都道府县，了解了真正的日本。

只有在那片土地上才能遇见的事物。

不花费时间就不能了解真正的日本。

你不了解的日本

中田英寿

前言

まえがき

『日本のことを何も知らない』

在世界各地旅行时，我会向不同的人打听他们对日本以及对日本文化的看法，回答大多是关于历史、工艺、传统艺术、宗教、饮食、茶道和侘寂[1]的精神。世界各地对日本感兴趣的人有很多。但是我自己到底对日本真正了解多少呢？思及此处，我才发现原来自己什么都不了解。这大概就是我想在日本旅行一番的契机吧。

如果在网络上搜索历史和过去的信息，还是可以搜索到一些的。但是，要想知道一些“活”的信息，在网络上搜索是行不通的，这个道理只有经常去实地体验的人才能真切地感受到。例如，那些在当地被认为是理所当然的日常生活，可不会被记载在网络上。

“每天吃什么、喝什么、做什么？有什么节日？有哪些习以为常的事物？”

1　侘寂是日本美学意识的一个组成部分，一般指朴素而安静的事物。它源自小乘佛法中的法印（诸行无常、诸法无我、涅槃寂静）。——译者注

即使对自己土生土长的故乡，人们也会有很多不知道的事情。因为离得太近太熟悉，一切都看似理所当然，不由自主地就忽略了。实际上，若是自己去实地走访、去反复体验的话，人们就能体会到那些光靠看而难以理解的、行走过程中的困难和快乐，以及那些技艺的精妙之处。如此反复体会，有一天你会突然发现，日常生活中那些习以为常的米、肉、日本酒以及日常工艺品等都变成了宝物，你每天对此乐此不疲，生活都变得丰富起来。

这次，我想通过本书向大家介绍的正是通过实地走访才能发现的“真正的日本”，那是不花费时间、不实地走访、不去体验就无法认识的日本。我想通过本书和大家分享充满幸福和感动的“真正的日本”。

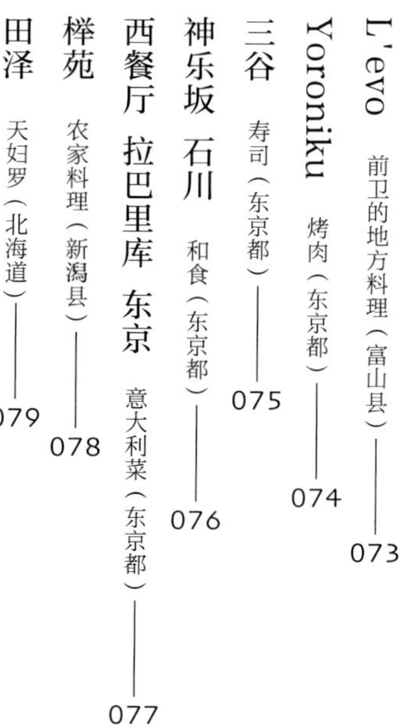

日本旅馆

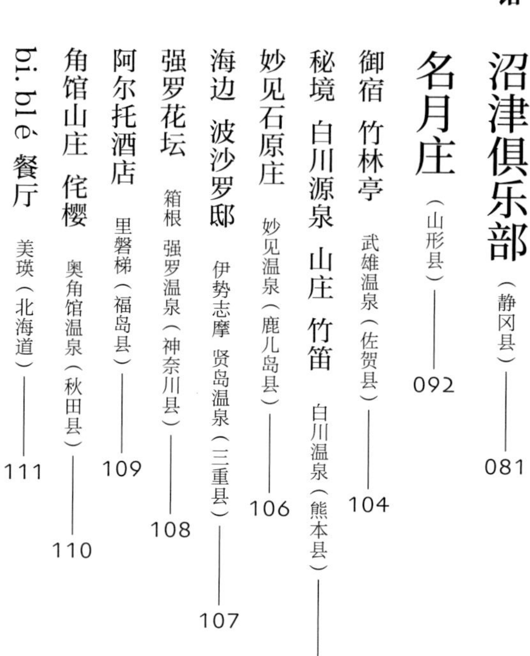

目录

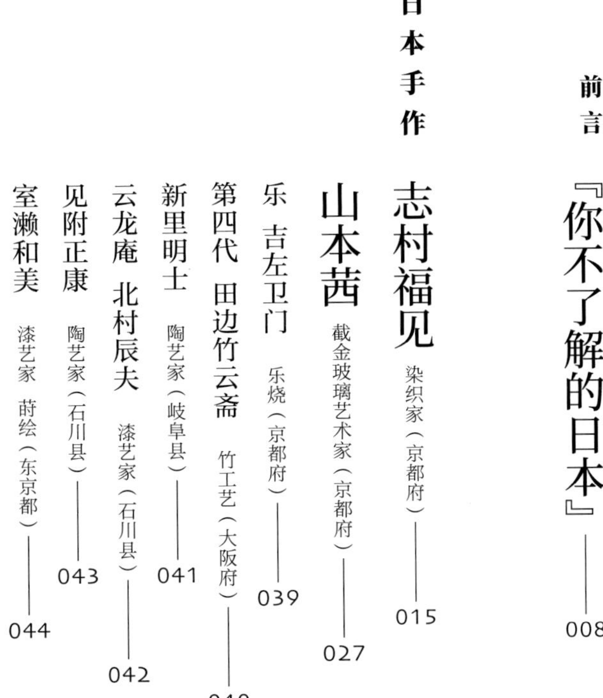

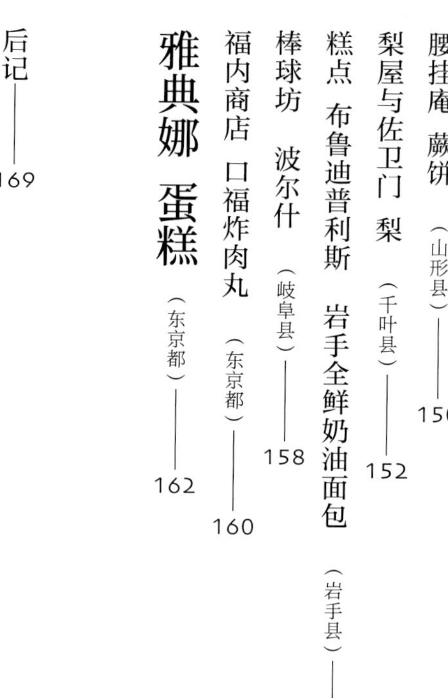

※本书记载的是2018年10月的情况。或将存在价格等变更的情况，请谅解！

日本酒

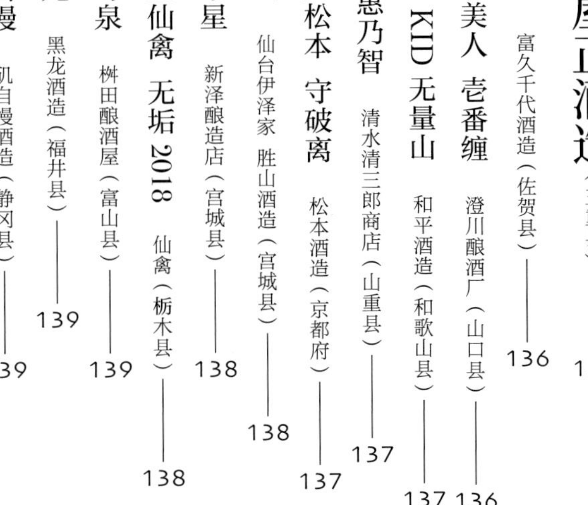

日本特产

新月时产生蓝。
新月渐变为满月时，
蓝的力量也被逐渐释放出来。

日本手作 わざ に・ほ・ん・も・の

志村福见

京都府染织家　文＝千叶望　摄影＝砂原文

在京都嵯峨野与自然融为一体的工作室内，志村福见用从自然植物中提取的各种各样的颜色，来晕染纺织用的线，那清澈的、美丽的、鲜活的线所织出来的布，无不在诉说着一个个动听的故事。这大抵就是日本的自然、文化的精髓所在。

上…志村福见的作品《柳之国》。
下…志村洋子的作品《西蒙（彼得）》。
左页…在蓝瓮中发酵的蓝华。

把植物的生命转移到线上。

把植物的生命色彩转移到纺织线上

日本国宝级染织大师志村福见的工作室坐落于京都嵯峨野一个安静的住宅区内。工作室紧邻寺院，环境优雅，周围没有高楼大厦，人们抬起头便可从树木之间看到广袤、蔚蓝的天空。

志村曾经这样写道："截至目前，我已经从事染织 20 多年了，一直从各种各样植物的花、果实、叶、枝干和根中提取染料。某一天，我突然感悟到，用从植物中提取的染料染织出的颜色，不再是单纯的颜色，而是植物生命的呈现。"

志村用饱含植物生命的线，编织出自己的世界。这种独特的艺术表现形式吸引了很多人。艺术作品反映出来的不仅是来自自然的颜色，也诉说着志村独特的故事。

在一楼蒸馏植物的工作室里，空气中飘浮着温暖的气体，夹杂着各种各样植物的香气。在柔和的自然光线下，丝线被浸泡在略带酸香的蓝液中，白色的线会被染成鲜艳的绿色。但是，那缕绿色稍纵即逝，经氧化后变成蓝色。

蓝是从作为染料的植物（大多是蓼蓝）中发酵而来的，这道工序被称为"建蓝"，据说将植物放在蓝瓶中，埋入

右…因为遵循着月满盈缺的规律建蓝，所以对农历的日期十分关注。

左…工作室里供奉着蓝姬，祈求蓝染顺利。

左页…闪闪发光的蓝染线。中田从很久以前就对建蓝很感兴趣，他访问了德岛的制蓝所，体验了制作原料"蒅"[1]的方法。

1『蒅』是一种蓝染原料，由蓝色的叶子加水发酵形成。——译者注

如何印染、如何织布，手会告诉我们答案。

1 苏芳：和服色调搭配名称之一。表为淡褐色，里为深红色。——译者注

1. 开花前的樱花树枝是最好的印染材料。2. 砍伐自家的树木时，有很多人同我打招呼。3. 拧紧染好的线。4. 在织布机上系好经线，开始织布。5. 工作室的员工一边感受着自然，一边过着有规律的生活，身体状况也很好。6. 拆开的线也要整齐地卷起来放好。7. 2018年秋天上演的石牟礼道子的能乐“冲宫”的装束就是用苏芳[1]染的鲜红色的线织就的。8. 织布用的梭。在梭上缠上纬线，穿过绑好的经线。9. 缠在线轴上的漂亮丝线。

左页…由于不依赖机器，全靠手工作业，手指变得很灵敏。

土壤中，持续发酵一个半月，建蓝就完成了。志村认为，最符合日本人气质和情绪的蓝，需经过“建造”“守护”“印染”三道工序后才能实现，过程非常难以把控，所以经常失败。自古以来，人们就有在蓝小舍祭祀爱染明王，在祈祷的同时进行蓝染的传统。

中田英寿第一次定做的和服就是志村福见制作的蓝染的和服

中田英寿深深地被蓝吸引。

“我以前去过四国建蓝的地方，如果要选择一种日本的染物，我认为非蓝染莫属。看了志村的建蓝，意识到她在蓝染方面颇有想法。第一次拜访她的工作室时，在她长时间的介绍下，我深深地迷上了这种人本主义气息。”

志村从新月起开始建蓝。农历没有月亮的那天就是新月。月亮渐渐变圆，不久就满月了，然后又缺了一块。潮涨潮落也会受到月亮的影响，新月和满月前后的几天，大海变成了“大潮”。专心沉浸于建蓝的志村，是从何时开始注意到蓝与月亮的关系的呢？这种巨大的力量激发出的蓝的

生命力让中田震惊而感动。之后，中田向志村定做了第一件蓝染和服。

“与志村女士的相遇对我来说意义重大，从那之后我便热衷于日本工艺，推崇这种源于自然的生活方式。”

志村工作室的员工不仅遵从月满盈缺的规律，还吃着健康的食物，过着有规律的生活。在这样的工作环境下，他们的身心更加舒畅。

多种颜色编织的作品有着现代之美

工作室里除了蓝以外，还有许多用植物印染的线。放眼望去，收线的架子也是美得夺目。光滑的丝线，清澈的颜色，植物的生命与蚕的生命相遇，呈现出异常丰富的世界。将这些线组合在一起，就可以编织出丰富多样的布。在放着画有“月之阴晴圆缺”挂历的二楼，摆放着几台织布机，工作人员正在排列整齐的经线上用梭子穿过纬线，我们能清楚地听到梭子扎上纬线的声音，靠近织布机还可以闻到一股清新的气息。

右…从蓝中染出千变万化的颜色，它们分别被赋予了优美的名字。
左页…要想将植物的颜色转移到线上，线本身要有力量。据说志村工作室开始用越来越稀缺的日本丝绸纺纱。

对我而言，活着就是为了织布。

在植物颜色的作用下，
丝绸强有力的光泽慢慢浮现出来。
这是植物和蚕的力量相遇的结果。

“我觉得志村女士是内心十分强大的人，从她织的布中可以很明显地感受到这一点。她织的布颜色柔和、美丽，她将多种颜色组合在一起，创造出多样的世界。身处那里就能体会到那种感觉，而且她的作品本身，以及拼花手工艺中的颜色搭配都很现代。”

拜访的当天，中田想要定做一件新衣服，浏览作品集后，他挑选了一件深蓝色和黄色花纹、被称为“重阳”的和服。志村经常给自己的作品取名字，比如“松岛之雪”“加利利”“星”“秋霞”“湖北残雪”“磐余”……从这些名字中，可以感受到志村对文学作品的喜爱以及她在世界各地旅行时发现的“美”。“重阳”是农历九月九日的菊花节供[2]，鲜艳的黄色象征着菊花。

定做的“重阳”和服，结合了志村曾旅行过的国家的工艺。中田与志村之间的对话越来越深入。志村对关爱长辈的中田说：“虽然过程很艰苦，但不能娇惯自己。”

“我认为这是一种至死的修行。”

“我也这么认为。所以说，这就是活着的意义。”

虽然立场不同，但两人在热爱工艺方面志同道合。

中田与志村福见的长女、染织家志村洋子谈话。在挑选新衣服时，中田征求了洋子的建议。关于如何传达以蓝染为首的日本染织所具有的精神，洋子说，根据农历建蓝“是我们一直秉承的生活方式”。

2 节供：在季节之交的节日，为驱除不祥、祈愿无病息灾而向神供奉的食物。——译者注

从嵯峨野的山、树木和花草中获取色彩。

志村福见

志村ふくみ

染织家、随笔作家、重要非物质文化遗产传承者

志村福见1924年出生于滋贺县。31岁时，在母亲小野丰的指导下，开始用植物染料和䌷丝纺织。她是非物质文化遗产传承者（国宝级人物）、文化贡献者、第30届京都奖（思想艺术领域）获奖者、文化勋章获得者。著有《一色一生》（大佛次郎奖）《诉说的花》（日本随笔作家俱乐部奖）等。其工作室Shop&Gallery 位于东京的成城和京都的四条河原町。

在鹿鸣之处，曾有着《源氏物语》的世界。

山本茜

京都府 截金[1]玻璃艺术家
文=千叶望 摄影=锅岛德恭

想将传统的装饰技法截金与玻璃相结合，营造出自由的“心象风景”。山本茜怀着这样的志向创造了“截金玻璃”技法。即使再过千年，这种技法仍会熠熠生辉。

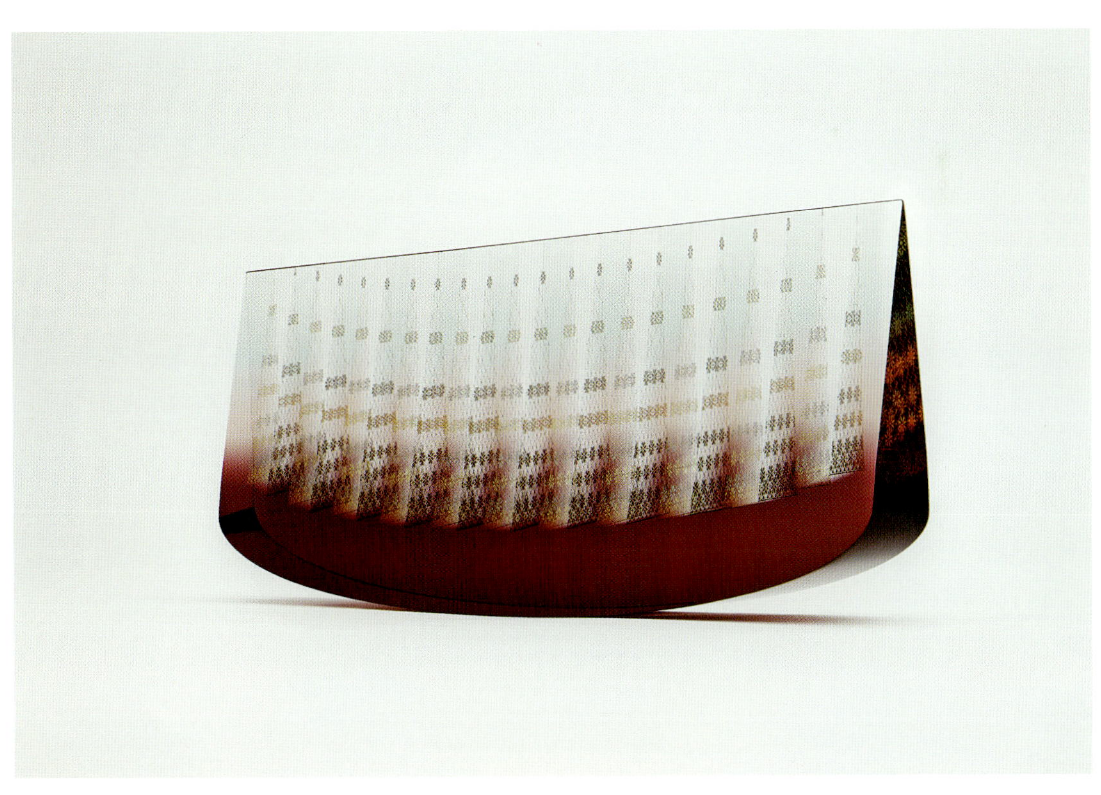

“源氏物语”系列第十帖“贤木”余话（离别的梳子）个人收藏

1截金：一种工艺技法。将金银箔切成细小的方形，用于漆器的泥金画。——译者注

远离喧嚣，独自一人。
作品初具雏形。

为了用截金表达自由心象，开始制作『截金玻璃』

从京都市区驱车行驶大约一个小时，就到了截金玻璃制作家山本茜的家兼工作室，工作室坐落于山间平地上。在同一块平地上，有一座工厂那么大的建筑物，屋内陈列着用于熔化玻璃的窑和几台大型研磨机。这就是山本茜的“工厂”，但与许多工厂不同的是，在这里操作机器的只有山本一人。

截金原本是一种使佛像和佛画更加庄严的装饰技法。随着使用金泥等手法的发展，截金的技法在佛教美术中一度衰落，后来开始用来装饰精密的纹样、装饰茶具和木制工艺品。山本在京都市立艺术大学学习日本画时自学了截金，从 2000 年开始师从截金国宝级人物江里佐代子学习专业截金技术。但是，随着时间的推移，山本意识到自己关于装饰截金技术的学习已到达极限。

“与能够自由表达内心的绘画相比，截金显得非常不自由。于是我产生了想要制作以截金为主角的作品的想法。要是能把截金置于玻璃中，使其宛如悬浮在空中的话，就可以自由充分地将截金之美表现出来。”

右…能把金箔和铂金雕刻成樱花花瓣和水滴形状等小碎片的工具。这原本是制作伊势型纸用的工具。
左…从海外进口玻璃原材料，以期找到心中理想的颜色。
左页…在玻璃上截金，需要高度集中注意力。据说山本一天大约工作20个小时。

1.为了使想法成型，首先要画出设计图纸。2.将数枚金箔叠放在一起放入火盆中烧，使其厚度增加。3.变厚的金箔。（图2和图3刊登于2017年5月《家庭画报》世界文化社刊/摄影=锅岛德恭） 4.在铺有鹿皮革的板上切细金箔。5.被切成线状的金箔。6.右手握笔取出金丝的一端，左手握沾有糨糊的笔在玻璃上截金。7.仅仅是完成一层就需要花费相当长的时间。8.用石膏反复包裹玻璃，然后将其放入电炉中加热。9.玻璃熔化后，用锤子把石膏打碎。10.测量熔化的切金玻璃块并准备打磨。11.用多台研磨机削掉多余部分，之后再打磨。12.一直打磨到理想形状为止。

左页…山本不分昼夜地埋头苦干。

在人生剩余的时光里，还能做多少作品？

截金玻璃工艺就这样诞生了。在自然光线下凝视山本的作品，几层重叠的玻璃上闪烁着纤细的花纹图案，换个角度看，又会看到不同的风景。人们会不由自主地被她所呈现的艺术世界吸引，这是很有层次和深度的表达。因为制作需耗费几年的光阴，每个作品只有一件，所以不接受预定。收藏家将只能在她的个人展览上购买成品。发现这一独特魅力的收藏家们，都期待山本举办个人展览的那一天。

当把玻璃块像镜子一样磨光时，截金的世界便会呈现出来

在完成构思后，山本画出了作品的草图。随后，她先将几片金箔和铂金烧至一定厚度，然后将其放在镶有鹿皮的袋子上，用竹刀切成片。细长丝状的、三角形和花瓣形的，形状各不相同，各有各的美。她用双手拿着细笔，巧妙地将切下的素材贴在玻璃上。这个过程需要注意力高度集中。之后，就可以静待素材与玻璃融合，截金将宛如悬浮在空中的艺术品一样呈现出来。

山本 30 岁后在富山玻璃造型研究所学习了各种各样的技术，其中的一项是用“融化”技术成功地做成了数层截金混合玻璃块。但是，对于把玻璃从窑里拿出来时是否会成

右…为了了解玻璃的特性——反射和折射，山本在学生时代制作了很多“测试片”。
左…像工厂一样的工作室里，摆放了很多机器。
左页…从电炉里取出的玻璃冷却后，便开始打磨。山本一人搬运40千克重的玻璃块，她虽然身材瘦小，却相当有力气。

浮在空中，交错、闪烁。

功，每次她都惴惴不安。有时玻璃里面会有气泡，会导致好不容易成形的截金坏掉，或者停电炉内的温度急剧下降从而导致断裂。这一步之后，就进入彻底的打磨阶段。用几种研磨机研磨后，精彩的作品便呈现出来。中田英寿也深深陶醉于截金的世界中。“第一次在展览上看到作品时，就被截金玻璃的纤细艺术特质吸引。这是工艺吗？是艺术作品吗？这是难以想象的绝对的美。在看到作品的那一瞬，就想着无论如何都要去工作室拜访。后来，在拜访工作室时，看到制作截金玻璃的过程，立即被处理截金玻璃的精细作业和山本的高超技术和专注力吸引。”中田说。因此他在策划写本文的时候，第一时间就想到了同龄人山本。

《源氏物语》的54帖是毕生事业

在这间工作室里，山本知道了《源氏物语》中描绘的四季还在延续。这里有初夏飞舞的萤火虫、互鸣的秋鹿、皎洁的月亮和清脆的虫鸣。

“来到这里，才知道有‘真正的黑暗’，一种即将被吸入的黑暗，这让我更加感激月夜的明亮。”

在真正的黑暗中，只有风的呼啸，树木的摇曳，以及生物的气息。在这里独自度过的每一天，都是与自己深入对话

右…“源氏物语”系列之一——《御法》呈现了紫色灵魂升天的样子。可以看到截金在玻璃中自由漂浮，从中也可以看出其高超的熔化技术。(摄影=白岩贞昭)

左…与《御法》同系列的《桐壶》。以光源氏的诞生为主题。

※现藏于佐野市立吉泽纪念美术馆。

左页…这是一件尚未被命名的金字塔形状的新作，主题是“3这个数字的神秘性”。让人联想到稳定的“3”的不可思议之处。

的时间。在这里，山本能够更深刻地理解从少女时代就开始喜欢的《源氏物语》的世界。她想用截金玻璃呈现《源氏物语》全书的54帖，现在已经完成了20帖。“自然而然”的想法与她周围的环境不无关系。

名为“第十帖‘贤木’余话（离别的梳子）”的作品，从侧面看是梳子的形状，用从黄昏时分天空的浅蓝色渐变为深葡萄色的玻璃，来表现梳子的梳齿。这个颜色是光源氏的恋人六条御息所的女儿斋宫在前往伊势之前，最后一次看到的京都晚霞的颜色。这是山本从伊势回到京都的途中，看到晚霞后构思出来的作品。

稍微改变一下角度，就可以看到每一根梳齿都做了细密的截金，其光辉闪耀在山端，宛如平安时代高贵的女性们身上缠绕的丝绸。这样的想法在山本的脑海中浮现了许多次，产生了不可思议的效果。“我想把脑海中浮现出的想法原封不动地呈现出来。草图已经全部做好了，我想在死之前完成54帖。”

右…山本从中学时代就一直喜欢的《源氏物语》。书架上摆满了精挑细选的书。通过读原文，获得创作灵感。

左…因为总是盯着一个点工作，所以眼睛异常疲惫。经医生推荐，山本开始养金鱼。看着游泳的金鱼，多少能消除一些疲劳。

右页…名为“水镜”的作品。精心设计的形状和多层切金花纹，使整个器皿看起来像水面一样闪耀着光辉。（摄影=白岩贞昭）

截金不是装饰，而是主角。

山本茜

截金玻璃艺术家

1977年出生于石川县金泽市。1999年开始自学截金。2000年开始向江里佐代子学习截金技艺。2001年毕业于京都市立艺术大学美术学部美术科日本画(临摹及水墨画)专业。2011年毕业于富山玻璃造型研究所造型科。曾获得第61届日本传统工艺展NHK[1]会长奖、传统文化宝拉奖奖励奖、京都府文化奖奖励奖等多种奖项。地址：画廊NOW，横滨店美术画廊。

1 NHK：日本放送协会，是日本的公共媒体机构。——译者注

日本手作

わざ に・ほ・ん・も・の

摄影＝富山崇
作品名称＝
《此时此刻，如有可能，不散发光芒，让一切尽显光彩》

一个碗反映了日本的传统与变革

乐 吉左卫门

楽　吉左衛門

乐烧（京都府）

京都的茶碗屋是乐家第十五代传承乐烧之处。乐家曾诞生了第一代的长次郎和三代道入（又名无香）等许多名匠。虽然一子相传，但追求新的乐烧是乐家的家风。在东京艺术大学学习雕刻的乐吉左卫门，曾在意大利等多个国家留学，他在釉药方面下苦功，创作自我而大胆。茶碗乍看像拼凑的作品，但实际上用来喝茶的话，就可以更好地感知到它的美，它既是抹茶碗，又是一件艺术作品。“吉左卫门先生的茶碗真的很大胆且具有革新性。我看了几年前举办的乐家历代展览会（‘茶碗中的宇宙——乐家一子相传的艺术’），虽然大家所处时代不同，但令人惊讶的是，大家都能顺利地进入‘乐’的世界。在这里可以窥见日本的传统和变革，我觉得这一点很棒。”（中田英寿）

该碗现藏于乐美术馆。

地址：京都府京都市上京区油小路通一条下　联系电话：075-414-0304

摄影＝涓忠之

大胆无畏的竹艺术家。

第四代 田边竹云斋

四代 田辺竹雲斎

竹工艺（大阪府）

田边竹云斋出生于一个以竹工艺为业的家庭，他是第四代传人，从小就接触竹子，立志从事竹工艺。他技艺精湛，创作的作品广受赞誉，很早以前其作品就被海外的许多美术馆收藏。他不仅制作精美的工艺品，还用竹子打造了新型艺术空间，进军现代美术界。他致力于追求竹子的美丽和一切可能性。2016 年在法国的吉美美术馆，他发表了日本首个新型艺术作品《五大》，这是一个讲述构成世界的 5 个要素融合在一起的作品。“竹子自古以来就是日用品、茶具、建筑等中与日本人生活息息相关的存在，有很强的实用性。此外，因为竹子兼具硬度和柔软性，所以制作出的作品造型很优美。竹云斋先生因为学习过美术和雕塑，所以制作出的工艺作品和艺术作品都很美。我认为他是能最大程度发挥竹子魅力的人。”（中田英寿）

高岛屋大阪店 6 层美术画廊经营。
地址：大阪府大阪市中央区难波 5-1-5 联系电话：06-6631-1101

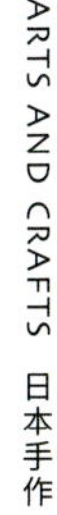

从传统『玲珑瓷』[1]中诞生新的美。

新里明士

陶艺家（岐阜县）

被萤火虫般纤细的光吸引。在成形的器皿上进行水印透雕，用釉药填补透雕小孔，使其产生轻微透视效果，再通过“萤手”的传统技法让人感受到契合当代的特征。放大新里创作的水印透雕，其对大小、形状等的控制都技术高超，甚至可以计算出釉药填补后微微漏出的光的量。这个陶器可以作为装饰品，也可以用来盛东西或插花。无限的可能性不断地刺激着使用者的想象力。“从他自由构思的作品来看，我感受到工艺家也是创作者。我认为，传统工艺绝不是旧事物。难道不可以使用传承技法和素材来制作出新的工艺吗？”（中田英寿）借由光照产生丰富多彩效果的新里的作品，可以说只有在现代人的家中才是一件有价值的工艺品。

涩谷黑田陶苑经营。
地址：东京都涩谷区涩谷 1-16-14 巨蛋广场 1F
联系电话：03-3499-3225

1 玲珑瓷：将瓷器胚体透雕后，再熔填釉料的、有半透明纹明纹样的瓷器。——译者注

『云龙庵』北村辰夫《更纱莳绘十字架》 摄影=渡边修 画像提供=金泽21世纪美术馆

漆艺的市场是整个世界。

云龙庵 北村辰夫

雲龍庵 北村辰夫

漆艺家（石川县）

北村辰夫出生于石川县轮岛市。他一边深入研究过去的漆艺，传承传统的审美意识和技艺，一边在自己的工作室培育手工艺人，开展创作活动。凝视作品的每一个部分，你都会发现，创作者细腻的表现和高超的技术令人震惊。其作品中蕴含着深受风流人士喜爱的玩乐之心。“北村先生是个很有品位的人，他把高超的技艺整合在一起创作出如此伟大的作品，这一点着实令人佩服。因为其作品未曾在普通的展览会上展出，所以他在日本国内还鲜为人知。我想北村的作品在告诉我们，日本还有很多优秀的手艺人，如果大家共同创作，一定能够做出国宝级的作品。”（中田英寿）2002年在英国维多利亚与艾伯特博物馆举办的个人展览，使北村先生在海外享负盛名。

该作品现藏于金泽21世纪美术馆。

地址：石川县金泽市广坂1-2-1　联系电话：076-220-2800　※展期未定

『云龙庵』北村辰夫《华莳绘圣卵》 摄影=渡边修 画像提供=金泽21世纪美术馆

照片由大田画廊提供

红花瓷的几何学。

见附正康

见附正康

陶艺家（石川县）

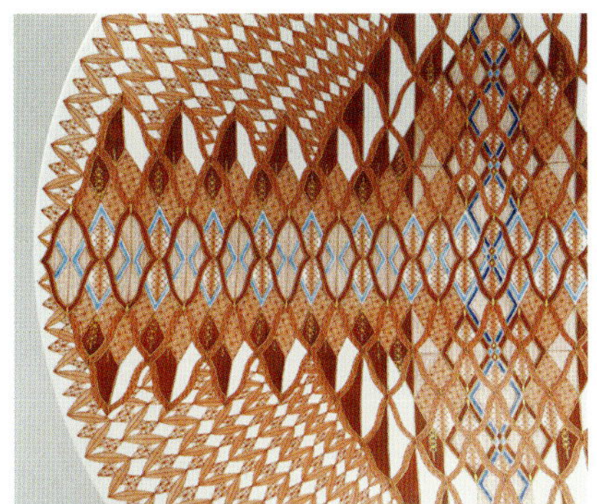

见附正康出生于石川县加贺市，在故乡居住期间他掌握了传统的红花瓷技术，一边使用红花瓷技术，一边用纤细的线条在器皿上描绘出独特的花纹和图案。他描绘的细致图案经常让人产生“这是用机器打印的吗”这样的疑问。实际上，只有技术高超的工匠描绘的作品，才能给观者带来巨大的惊喜和感动。见附大胆地引入了璎珞和七宝文等传统图案，整体看起来却非常当代，可以说产生了超越西方的表现。“看到他的绘画作品时，我为日本人特有的细致工作态度所震惊，不禁感叹这是‘好厉害的作品’，我想它一定会在全世界受欢迎。”（中田英寿）见附在大盘子上，描绘了独特的“宇宙”。

大田现代美术经营

地址：东京都港区六本木 6-6-9 金字塔 3F　联系电话：03-6447-1123

莳绘饰箱《麦穗》(1985年)

镶嵌在漆艺中的、未来的『日本』。

1莳绘：用漆画出纹样，贴上金、银、锡、色粉等的漆器工艺。是漆器工艺的典型技法。——译者注

2螺钿：漆工艺技法的一种，指将贝壳有珍珠光泽的部分磨平后碾碎，并在漆器或木质器皿上镶嵌一定的图案作装饰。——译者注

室濑和美

室瀬和美

漆艺家 莳绘[1]（东京都）

室濑和美是莳绘的重要非物质文化遗产传承者（人间国宝）。莳绘作为日本独特、华丽的漆装饰技法，有1 200多年的历史，主要是在用漆描绘的部分撒上细碎的金粉，呈现出细腻的图案。室濑在作品中传承了传统技法，引入了新的主题图案，同时致力于修复和复原作品，醉心于技术的传承。“在扁柏的木箱上涂漆，为了凸显重要性而涂上了莳绘。如果小心使用的话，即使在一千年后也能使用。”（室濑和美）登山家三浦雄一郎在登上珠穆朗玛峰后，为了让队员们在严寒气候下吃到热腾腾的饭，为他们提供了可以在极地使用的器具——漆器。“室濑先生是个很勤奋的人，知识也很丰富。漆道常被认为很难处理，但实际上即使受损了也能被修复。我希望漆能被广泛地使用。”（中田英寿）在西欧，被称为“日本”（JAPAN）的漆正在走向未来。

2019年1月25日~3月12日在MOA美术馆举办展览。
地址：静冈县热海市桃山町26-2　联系电话：0557-84-2511

柏叶莳绘 螺钿[2] 六角合子（2014年）

摄影＝阿美智笃

作品名称＝煤竹花篮《涌泉》

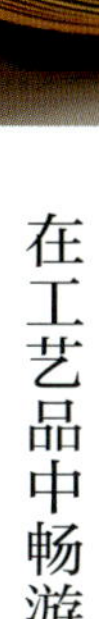

在工艺品中畅游

武关翠篁

武関翠篁

竹工艺（东京都）

武关翠篁出生于东京，家中世代以竹工艺为业，武关翠篁是第三代传人。竹工艺需要先把竹子砍下来，然后劈成细竹条。用宽度在1毫米以下的竹条，配合组合物、圆竹物、圆竹组合物等各种各样的技术而产生的竹工艺，堪称“用之美”。精致的美感，与竹工艺作为日用品的强度和易用性相结合。翠篁的作品不但细腻，而且还有很大的自由发挥空间。随意动动手，就会产生千变万化的形状和网眼，充分发挥了竹子的特性。他的作品不追求细密，使用了透光的、大胆的网眼，从中可以看出其构思的精巧。“我非常喜欢竹子，一直关注竹子的可能性和有趣性。竹子形状易变，那也意味着编织方法千差万别。翠篁先生的作品充分发挥了竹子的这一特性。”（中田英寿）

作品名称＝花篮《玄武》

作品名称＝花篮《来光》

在“竹工艺翠屋”制作。

地址：东京都荒川区西日暮里3-13-3　联系方式：03-3828-7522

日本料理
ごちそう
に・ほ・ん・も・の

和式食材的冒险与重生。

L'Effervescence

东京都 港区 法式料理　文=麦基牧元　摄影=砂原文

在西麻布，有一家密切地关注日本特有的风土和文化的餐厅，那里正在打出『复兴』的口号，准备向世界传递美食。

长了苔藓的树桩。位于市中心的"市内山居"。

山珍海味齐聚一盘。

正因为是熟悉法餐的厨师，所以才有超越日本料理的规则

L’Effervescence[1] 使用的绝大多数食材来自日本本土。如果不使用鹅肝，就会选用当地的鸭子和肉类。菜里没有西洋香草和黑胡椒，而是将米醋、大德寺纳豆、西京味噌等调味品与日本食材相结合，做成佳肴，经常搭配日本酒而非葡萄酒。

有人会问，这里是法国料理店吗？事实上，每个盘子都有法国料理基本的主食材、调味品、配菜。所以，可以堂堂正正地说这是法国菜。

不过，或许这样的讨论是没有意义的。虽然这家店用了日本的食材，但也不能单纯地说是日本料理店，因为在这里你能感受到日本厨师无法涉足的新料理的气息。恐怕生江史伸厨师正在准备创造未来的经典菜品。

中田英寿也这样指出：“现在已然是无国界时代，饮食也是无国界的，对饮食进行分类本身没有任何意义。”他列举了推荐这家店的理由。“生江先生的灵感在这里得到了充分实现。他的灵感源于对食物味道和口感的十二分了解，同时也传递出他对很多事情的想法。这些都得益于他的日常工作和在各地的游历。”

右…苹果派，常能激发大家小时候和家人一起愉快进餐的回忆，为了对此表示敬意，据说开店初期被当作“小食”出售，里面有各种各样的食材，现在已有数十个口味。

左页…鹿肉扇贝酱。山和海的食材组合在一起时，首先要考虑的是情景。据说是从鹿的栖息地，以及在栖息地前方的大海采集扇贝这一情景中产生的灵感。

1 L’Effervescence：东京一家米其林二星法餐厅。——译者注

想把蔬菜做成形状可爱的料理。

正如中田所说，生江厨师不仅在日本，也在全世界范围内制作料理，宣传日本的饮食文化精神。“日本拥有独特的气候环境，森林覆盖率达 67%，面朝大海，背靠青山，自然灾害频发。降雨量是地球上平均降雨量的 2 倍，有地震、火山喷发、森林火灾等自然灾害。正因为大家生活在这样的自然环境中，所以对自然万物怀有敬畏之心，故有‘八百万神明’这样的说法。”生江厨师说。

生江厨师对食材的理解，不仅延续了生产者的用心，甚至还考虑到日本文化和神道的背景。正因为如此，他制作的料理才能超越流派，深入人心。

比如说香鱼料理。在西餐店点香鱼是有风险的，因为日本人一直认为盐烤香鱼才是绝佳的吃法。但是在西餐店点盐烤香鱼，西餐店会认为没有制作的意义。可是生江厨师的香鱼料理，打破了这样的束缚。

这是夏天绝佳的佳肴。将沥干水后的香鱼用太白芝麻油炸两次后冷却，咔嚓咔嚓地咬碎鱼头，味道非常香。油炸过后，烘烤带骨头的一侧，在散发出人们熟知的盐烤香气

右…开店以来的特色菜，芜菁料理的配菜和调味汁。
左…根据季节选择不同产地的芜菁。有人告诉我不是只有冬天才有美味的芜菁。
左页…做好的芜菁料理。生吃会有辣味和香味，加热后则甜味与香味共存，味蕾再一次被芜菁的美味打动。

1 一座建立：指参考者的地位是平等的，人们要互相尊重，创造、共享和谐的气氛。——译者注

1 ～ 5. 生姜、银杏、栗子、莲藕柚子、醋橘、花椒、穗紫苏、鹿肉、醋、甜料酒等。厨房里有生江厨师走访日本时搜集的很多食材和调味料。6 ～ 7. 以"一座建立"[1]为目标，为了服务好客人，充分考虑了每一个角落的布置，并在桌子上准备了玻璃杯和漂亮的花。8 ～ 9. 用铁壶烧水，提供清茶。抹茶的香气飘荡，仿佛置身于茶室。

时，品尝散落在舌尖柔软的香鱼肉，微甜。将香鱼（腌制香鱼）和蘑菇混在一起藏在下面，淡淡苦味会让人追忆香鱼的味道。然后用竹叶将剔除骨头的肉包好，经过一晚的腌制后，放在竹子上蒸着吃。吃起来味道如何？这是在盐烤香鱼中未曾品尝到的香鱼肉的甜味，令人陶然。每个日本人都应该熟知这种甜味。然后，将一条香鱼放入清炖肉汤中。待鱼烹饪好后，可以看到在清汤中摇曳的香鱼。汤里会浸满香鱼的味道。这就是抛弃现有料理理念，用新的料理方式更好地品尝香鱼的味道。“如果是日本料理的话，这种烹饪方法可能会被说成是‘邪道’，但是法国料理厨师能跨越这道界线，向大家展现各种各样的快乐世界。我觉得也可以稍微尝试一下日本原材料的不同做法。”

发掘日本的原材料和文化，成就未来的经典料理

生江厨师的料理还有另一个特点，即在一份食物中可实现“山海共存”。例如，在夏鹿的烤肉上加入黄瓜和芥末，滴入扇贝制成的调味汁。吃一口，软甜扇贝，让夏天的鹿肉也变得嫩滑。将山和海的食材装进盘子，它们彼此间产生了共鸣。

“2015 年，自进行创新后很长一段时间内，我都想

厨房使用得久了，器具都被磨出了光泽。喧嚣的午餐结束了，这里，也陷入晚餐前的片刻宁静。

『一座建立』，旨在打造与客人同心合力的场所。

1 八寸：怀石料理中正式的下酒菜。——编者注
2 宗和流：日本茶道流派之一，隶属日本江户时代诸流派三斋系。——译者注
3 点前：茶道点茶的规矩礼法。——译者注

通过食物表达内心的想法，那就是把山的食材和海的食材融合起来，体现在日式料理中也就是'八寸'[1]。"生江厨师说。

不止"八寸"，生江厨师还提到了"一座建立""和市中山居"等茶道用语。衡量日本食材和文化之间关系的灵感，源于"后殖民地"这一概念。在许多以法式料理为主的场合，无论如何都致力于制作不输于原产地的料理。然而，这样的话就无法摆脱食物的殖民地意识。

正如中田所言，现在是无国界时代。在这样的背景下重新审视本国文化，思考法式料理在本国文化中所发挥的作用，只有这样才能让本国的饮食文化大放异彩。生江厨师意识到这种哲学，对料理进行革新，现在更是以"复兴"为目标努力着。

"将我们原本拥有的精髓正确地引入食物中，再一次地将食物呈现出来。这不是回顾主义，也不是古典主义，而是沿着至今为止的脉络，将新旧理念混合在一起，形成我们自己的风格，我觉得这就是复兴。这种复兴将产生无与伦比的影响力，甚至将改变这个时代。现在是 2018 年，在这一年里做这道料理，

右…店外的景色令人心旷神怡。店内外都有独特的食材和设计，匠人手工涂成的黑漆灰浆的墙壁营造出和谐的氛围。
左页…点沏抹茶用的精致道具(上)。
饭后点沏抹茶。工作人员用宗和流[2]进行茶道练习，展示美丽的点前[3]（下）。

我想这就是我能发挥的作用吧。”

生江厨师创造出了新的经典料理，也在有条不紊地策划着日后的料理。

“环境变化、地球变暖的话题一直讨论不休，所以有人对我说我目前的方向是错误的。在考虑如何进行下一步时，我意识到必须制作对未来有用的料理。这道鹿肉料理就源自这个想法，它的肉的含量很低。到目前为止，许多肉菜总是由足量的土豆泥，80% 左右的调味汁、动物性蛋白质和脂肪，以及 20% 纤维和碳水化合物构成，我想逆转这个构成比例。我并非打算开一家素食料理店，我自己也不是素食主义者，所以仍然在菜中保留了一定的肉的含量。但我想让大家尽量多地从蔬菜中摄取能量，减少从肉类中摄取。”

日本料理极易被误认为是以鱼为主的，但它其实是以蔬菜为主的。在肉和蔬菜比例逆转的料理中，蕴含着身为农耕民族，信仰八百万神明，对自然怀有敬畏的日本人所特有的文化和精神。这才是只有日本人才能传递给世界的未来的料理。

左…L’Effervescence，优秀的年轻厨师们凭借出色的团队合作支持着生江厨师。大家笑得很灿烂。
右页…生江厨师在宫城牡鹿半岛的森林里拍照。生江厨师说：“树的果实和蘑菇、香辛料……森林里到处都是宝物。”

让风土融入身体。

L'Effervescence

レフェルヴェソンス

法式料理 东京都 港区

生江史伸带领米其林两星级餐厅L' Effervescence 提出"复兴"口号，致力于制作经典料理。同时，以协作的方式兼营法国面包店、咖啡厅，以及制作飞机餐，他在不断扩大经营范围。

地址：东京都港区西麻布2-26-4

电话：03-5766-9500　完全预约制

1.鹿鸣声响彻森林。2.“森林老师”小野寺。小野寺先生曾经在东京做过法式料理厨师。新鲜的肉是大多数厨师的追求。虽然也进行狩猎，但他以“仅仅伤害生物的生命就觉得很抱歉”为由，转而进行肉食加工。3.生江厨师在森林里采集的红树菇。亲自煎后品尝，“实在太美味了”，野生食材的味道令人惊讶。4.用小刀采集食用蘑菇。5.倒下的大树。6.从山上看，石卷黄昏，平静的海水在地震时曾涌入街道。7.烧起火，一边煎采集的红树菇和烤鹿肉，一边发出“果然还是喜欢做饭啊”的感慨。8.“虽然有人认为鹿肉很腥，但像小野寺先生这样切割的鹿肉是不会腥的，并且十分美味。”(生江厨师)

走在风土森林里。

10 月的某一天，L’Effervescence 的生江史伸厨师来到宫城县的牡鹿半岛。无论生江厨师多么繁忙，都会抽时间到日本各地走一走，他说很多东西在东京无法学到。在一盘菜中山与海能够共存的哲学，实际上源于他的游历。来到牡鹿半岛，由被称为“森林老师”的小野寺望先生陪同入山。2011 年东日本大地震后，他通过支援受灾地认识了小野寺先生，了解了“人类错误地培育大山的结果，便是射击繁殖过度的鹿”这样的方式。与在动植物、大山和环境方面造诣颇深的小野寺先生度过的时间里“总是有新发现。在悄无声息的狩猎现场，通过视觉、听觉、嗅觉、味觉和触觉亲手采集森林中生长的蘑菇和香辛料”。（生江厨师）如今，年轻的店员们也会来这里体验，获得了同样的感受。亲身体验当地风土的精神，在 L’Effervescence 的料理中表现得淋漓尽致。

（文 = 阿智胜利　摄影 = 砂原文）

使活鱼闪耀，如在口中上演戏剧。这就是『九州前』。

天寿司 京町店

福冈县 北九州市 寿司

文＝松木牧元 摄影＝砂原文

北九州小仓有一家寿司店，世界各地的客人都慕名而来。店里用九州的鱼制作寿司，因此这道寿司被称作“九州前”。经过精心制作的寿司，在嘴里像戏剧一样华丽地上演，着实令人着迷。

早上 6 点，店主天野功先生亲自擦拭招牌开始营业。

1.鱼是从北九州市中央批发市场运来的。2 ～ 3.在市场上采购的品质极高的红海胆和车虾。可以全国接单。4.这个乌贼在天寿司绽放异彩。5 .工作前双手合十在神龛前祈祷的天野功先生。6.采购结束后，太阳已升起。7 .经常接到预约电话。8 ～ 9 .每天早上，天野先生制作醋饭。

独特的饭团在舌尖上演戏剧。

不煮，不用酱油，在瓯橘上吃独一无二的寿司

天寿司的饭团里藏着戏剧，上演着生命的种种复杂性。譬如，在切片的鲷鱼和醋饭中夹着鲷鱼肝，放入口中，鲷鱼清爽的香味中混杂着鸭头葱和红叶姜的味道，静待一会，甜肝流出，就在此时，光泽的鲷鱼与醋饭相拥，让品尝者的舌头兴奋起来。

或者，可以品尝放了生姜泥、芝麻、酱油粉的鲹。鲹本身散发着青涩的味道，味道飘散后，生姜和芝麻的香味扑鼻而来，再加上酱油粉的甜香，与鲹肉混合，美味瞬间爆发。

昆布鱼饭团中间夹着柚子胡椒。刚想是否在鳕鱼里放入了过多的柚子胡椒，就被柚子清新的香味包裹着的鳕鱼淡淡的甜味吸引。店主天野功先生说："柚子胡椒是九州的调味料，它很适合白肉。"它不是市场上的贩卖品，而是抑制辣味、使香味升级的自家制食品。

这家店的饭团和其他寿司店的不同，它不使用煮过的饭团和酱油，而是根据精密的调味，使味道和香气融合发生变化，进而在口中大放异彩。不同于"江户前"的工作，被称为"九州前"的诸多工序，都是由天寿司的上一代天野

右…使用了"一种盐"和"另一种盐"两种不同类型的盐。左…切金枪鱼时，眼神里充满了严肃和爱。
左页…充满甜味的石斑鱼(上)。充分的甜味给充满魅力的扇贝也带来淡淡的甜。

充分发挥鱼本身的特点，让鱼更美味。

时夫先生创作完成的，他只是单纯地想让大家了解九州的鱼的魅力。继承这一工作的现任店主天野功先生，为了让鱼更有魅力，将每一项工序打磨、改良，才有了现在的精致菜式。

在这里，有在其他店无法感知到的魅力，这也吸引了人们的目光，世界各地的人都来这家店一探究竟。但是，这家店的独创性和创新性与中田英寿对饮食店的看法有所不同。

“对我来说，比起料理的种类和流派，我更重视感受到的食材本身。因此，为了了解食材的力量，我拜访了农家、渔港等全国各地的食材生产者。我了解到，在做菜的过程中，仅仅依赖食材自身的条件是不够的，还要充分考虑如何让食材散发本来的味道，给食用者带来何种体验，只有这样考虑，做出的食物才会更加美味。我觉得在这一点上，无论是食物还是饮料都是一样的。”

这是一种非常简单、平心静气地面对面吃饭讨论的姿态。一般认为主要是靠味觉来判断食物美味与否，但实际上，

右…大分县产的口感清爽、有酸味的瓯橘，简单地搭配鱼食用。
左页…通过精妙煮法让食材释放出甜味，制作出口感适中的明虾(上)。用炭火烤，将皮放入醋饭一侧，再放上梅肉的太刀鱼(下)。

味觉在影响因素中只占17%左右，人们往往容易被进店前的信息、视觉和嗅觉感受到的信息左右。但是在此基础上，中田还充分考虑了手艺人在食材上下了很大功夫和灵感。这种灵感与功夫，也是天寿司存在的原因。

中田列举了一个能够使天寿司特有的鱼的味道被充分发挥的方法，那就是酸味。

“就是瓯橘。因为它是酸甜的，当我意识到它的酸时，便想如果能够充分利用它的话，食物应该会很受欢迎。”

在天寿司中，乌贼、枸杞、贝柱等饭团里放了大分县产的瓯橘和两种盐。为了强调酸味，在醋饭里加入了少量的糖。在甜鲷鱼和炙烤的太刀鱼上，可以放点咸梅干。咸梅干浓厚的酸味，更能凸显甜鲷鱼和大刀鱼的甜味。这样的做法并不令人讨厌。

我从没见过如此漂亮的乌贼料理

中田还说，一家寿司店好吃与否的关键在于乌贼。“对我来说，好吃的寿司店，做的乌贼都比较好吃。包括刀具的摆放方法在内，不管去哪家店，只要这家寿司店的乌贼好吃，其他的东西大部分也很好吃。”

天寿司的乌贼看上去很华丽。从横向和斜向放上装饰的红乌贼，像花一样绽放，在上面滴上几滴瓯橘汁，撒上一些

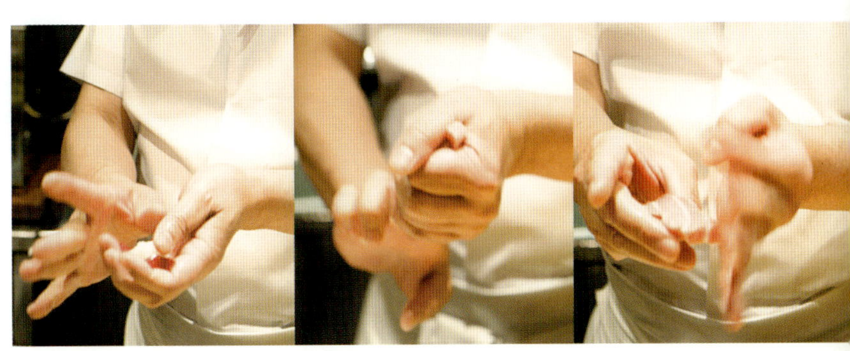

右…在强劲而温柔的气氛中，带着对鱼的感情做寿司。左页…名产乌贼寿司。因为用菜刀切了很多下，所以味道更甜。(上)糖醋野姜和罗臼昆布的小鲹醋(下)。

静待美味的金枪鱼，令人陶醉的时刻。

盐，配上飞鱼籽和树芽，再撒上锦芝麻。美得让人一度犹豫是否要吃下去。吃着Q弹的飞鱼籽和甜甜的乌贼，脸不由自主地就红润起来。在艳丽的身姿中隐藏的乌贼，令人陶醉。但是天野功先生的巧妙之处，不仅仅是使用瓯橘，有时也使用粉末酱油和金枪鱼的瘦肉，使饭团筋道又松软。

天野先生说："中田先生说虽然瓯橘也不错，但正是因为味道太完美了，所以也想探索其他完美的东西，我以此为契机进行了思考。"比如，中肥金枪鱼，将用金枪鱼片熬出的汤汁稍稍腌制后，做成金枪鱼肉。金枪鱼肉入口后，中肥的脂肪和酸味，与汤汁的美味和熏香交织在一起，让人瞬间感受到色香味俱全的美味，心也随之雀跃起来。就这样，金枪鱼肉一边逗弄食客的心，一边慢慢地消失在口中。这里也上演着戏剧。

夏天时，在红海胆上轻涂汤汁酱油，会产生一种浓浓的甜味。这种味道中弥漫的浓厚感，与活泼的有明海苔[1]的香气相互碰撞，刺激着感官。日本料理会根据食客的性别而微妙地改变虾的大小，这是通过绝妙的煮法来掌控的。把虾中心部分的一点做成半熟，目的是保留一口咬断虾的口感，瓯橘的酸味会使虾的甜味更加浓郁。

将金枪鱼手卷寿司和海葡萄一起卷起来，咬上一口，会感觉到一股散发着潮水的香味，紧接着是金枪鱼的香味在口中扩散开来，最后弥漫的是海苔的香味，闭上眼睛，仿佛可以看到在大海中游弋的金枪鱼。

天野先生只要听说哪里有美食，他便会飞往哪里。他一边

左页…略带肥肉的金枪鱼，光滑细腻，入口即化（上）。浸泡在金枪鱼汤中的瘦肉，有着浓郁的味道，让人赞叹不已（下）。

1 有明海苔：有明海出产的海苔，在日本十分有名。——编者注

在法国的名店想出了寿司的创意

品尝全国优秀的寿司厨师做的美味食物，一边思考只能在小仓做的工作。为了获得灵感，有时也去法国等地吃西餐。据说使用粉末酱油是在大阪的名店卡哈拉（カハラ）学到的，东京的三星法式料理店康德森斯（カンテサンス）则让他想到了康吉鳗鱼的新做法。

天野先生说：“不仅是饭馆，旅馆也一样。如果要迎接客人，就会让客人住在一流旅馆，配备出租汽车，充分考虑客人的心情。”天野先生迎接客人的方式很棒。不管是常客还是初次来的客人，都不会紧张，可以从心底真正地放松。店内很干净，完全不会闻到鱼腥味。

天野先生说：“但是我不再做新的寿司品种了。老顾客如果半年后、一年后再次光临，吃到的寿司与之前不同的话，他们会失望。所以现在我只考虑提高寿司的品质。”

据说他生病之后，就改变了想法。但是在那之后，大家戏称：“虽然这样决定，但是说不定哪天又变化了呢。”天寿司里，制作的是既快乐又幸福，想要见证明天的寿司。

天寿司的全体工作人员。分秒必争，在团队合作基础上从事各自的工作。天野先生说：“现在我最想做的事就是培养年轻人。”

右页…上午，年轻的工作人员花时间把店里的各个角落打扫得干干净净。随着白天营业时间的临近，店内气氛一下子紧张起来了。

现在我只考虑如何提高工作质量。

天寿司京町店

天寿し 京町店

寿司 福冈县 北九州市

能够代表九州的寿司店。天野功先生于昭和十四年(1939年)开始创业,是寿司店第二代传人。寿司仅饭团就有15种。不提供酒品,客人可以专注地享用美食。

地址:福冈县北九州市小仓北区京町3-11-9

联系电话:093-521-5540

丰盛的日本佳肴 ごちそう に・ほ・ん・も・の

日本富饶的山的恩赐，
以身承其恩泽。

柳家

乡土料理（岐阜县）

改造了岐阜深山的古早民宅，经营了这家店。虽然交通不便，但仍有全国各地的客人蜂拥而至。这里有天然的鲇鱼、鳗鱼、泥鳅，秋天的蘑菇，冬天的鹿和野猪，月牙熊和鸟类等，在所有单间都设有地炉，烤着吃，着实富有情趣。据说不喜欢这些的中田，也很喜欢光顾这家店。“这家店氛围很棒，特别受外国人欢迎。而且食材的品质、火候掌控和调味都十分绝妙。”春天的野菜火锅、5月的鳟鱼生鱼片、地炉内搭配的猪肉火锅、鸭肉火锅、天然地瓜和金枪鱼饭、蘑菇饭等，一年四季都能尽情享受日本富饶的山的恩赐。

地址：岐阜县瑞浪市陶町猿爪 573-27
联系方式：0572-65-2102　完全预约制（4人以上）

对富山的恩惠和文化怀有敬意、充满自豪。

L'evo

レヴォ

前卫的地方料理（富山县）

在富山市郊外的旅馆里。谷口厨师是做法国菜出身的，但正如中田所说:"不要过于拘泥于法国菜，要打造自己独特的世界观。与其说是取之当地的食材，不如说是只有使用当地的食材才能做出的食物。"只有这个店能超越种类的界限，创造出通往世界的食物。将生命灌输到萤乌贼、盲珠雪怪蟹、富山葱、牡蛎、油菜花、熊、秋刀鱼、黄芜、蓝莓、野猪、百合根、海胆、小矢部番茄、吴羽梨等当中，创造出新的味觉世界。这就是店名中"进化"和"革新"的具体体现。器皿、银器、装饰也是富山手艺人的作品。该店与生产者和手艺人一起致力于扩大富山文化的影响力。

地址：富山县富山市春日 56-2 反光镜（リバーリトリート）雅乐俱内
联系电话：076-467-5550　安全预约制

被令人目眩的
牛肉的魅力吸引。

YORONIKU

よろにく

烤肉（东京都）

这家店改变了以往调味品只有调味汁或盐，顾客亲自动手烤肉的方式。中田也评价："这样能够切实地理解烤肉本身的意义，体会到过程中的乐趣。"将肉的各个部位切成大小适中的块状，由店员烤制。不仅是烤，还有蒸，还会提供法国松露等高级食材搭配。虽然盘子数量很多，但正如中田所说的："没有什么负担，日本酒的搭配十分讲究。"因为选用了最优质的肉，余味很淡，加上调味和张弛有度的流程，搭配酒等，经过这些程序后，肉的味道十分美味。紧致的牛肉三明治（仅限特定套餐）和小碗肉也是绝品。这是家能充分发现牛肉魅力的店。

地址：东京都港区南青山 6-6-22 ルナロッサ B1
联系电话：03-3498-4629

无处不在，追求孤高。

三谷

寿司（东京都）

中田称赞道："无论在寿司店还是在餐馆，三谷流的料理都很好吃。"三谷先生将红醋和红葡萄酒混在一起制作醋饭，开创了其他地方没有的独一无二的菜肴。无论拜访多少次，每次都会发现又有新的料理推出，这得益于店主三谷先生的刻苦钻研。他想打造的主题是，把不同的食材合为一体创造未知。据说这是参考了江户时代的做法，食客为黑金枪鱼与黑鳍金枪鱼之间的搭配感到震惊，因为冷海胆与葡萄酒的搭配而震撼。三谷先生用金枪鱼做的鱼子酱十分美味。每道菜都配上珍贵的酒，正如中田所说："我非常重视料理。酒也是料理的一部分。"处于孤傲境地的店，是稀有的店。

地址：东京都新宿区四 1-22-1
联系电话：03-5366-0132　完全预约制（预约需要介绍人）

『好的口感』被最好的食材和温柔的关怀包围。

神乐坂 石川

神楽阪　石かわ

和食（东京都）

这是一家能够代表东京的米其林三星日式餐厅，是一家很难预约的店。中田说：“这家店选用了优质的食材，充分地发挥了食材本身的特质，调味也是恰到好处。”比如毛蟹的土佐醋果冻，食客可深切地感受到优质的毛蟹和精妙的果冻。甜鲷鱼和竹笋煮菜碗，味道清甜，不禁让人感谢春天的馈赠。虽然是高级餐厅，但价格并不高，对食客充满了关爱。中田还说道：“无论是料理还是石川先生（店主）的待客之道，‘好的口味’这个词就能充分让人感受到品格高尚，如果要选择日本料理店的话，我会选这家店。”他还补充说：“最后上的米饭很好吃。”蛤仔、蜂斗菜、生姜炖饭等，不禁让人充满等待季节更迭的喜悦。

地址：东京都新宿区神乐坂 5-37 高村大厦 1F
联系电话：03-5225-0173　完全预约制

藏在老宅的独特的意大利菜。

西餐厅 拉巴里库 东京

リストランテ ラ・バリック トウキョウ

意大利菜（东京都）

这家店位于安静住宅街的日本老宅中。正如中田所说的“即使带着去过各种各样店的人去这里，他们仍旧会很高兴”，因为即使最平常的料理也做得独具特色，也能引起食欲和好奇心。招牌菜墨斗鱼汁是将番茄酱酸味和海胆、乌贼的甜味融合在一起，让人产生共鸣的美味。此外，还有稍稍熏制的秋刀鱼，混合着薄荷的香味，以及品相绝佳的陶罐菜等，中田也极力称赞道：“都是十分美味的意大利菜，我觉得它是东京的顶级料理。”坂田老板的服务细致、暖心，他会根据菜品建议食客搭配不同的葡萄酒，这应该会让葡萄酒达人们很开心。

地址：东京都文京区水道 2-12-2
联系电话：03-3943-4928　完全预约制

身体被土地、河流的温暖和坚韧净化。

榉苑

欅苑

农家料理(新潟县)

这家店将150年前的茅草民房改建为饭店和旅馆。料理食材以自家菜园里采摘的蔬菜为主，其他的在南鱼沼获取。春天的山菜，夏天在地炉里烤的天然香鱼和岩鱼，秋天的蘑菇，冬天的根菜，用这些乡间土生土长的食材做成的料理，让人感觉既亲切又美味。店里还有自制的油炸豆腐团和野生山药海苔卷等当地有名的料理。中田对米饭更感兴趣，"因为很喜欢吃大米，所以走访了全国各地的大米农户，但这里的腰光稻令我大吃一惊。即使是现在，如果有新米，我也会请他们送我一些"。自己种的米，闪耀着光芒，充满着香甜，和乡土料理的汤汁搭配起来吃更美味。在这里住下来，等待第二天吃早餐也不错，那应该是作为日本人最幸福的时刻。

地址：新潟县南鱼沼市长森24
联系电话：025-775-2419　完全预约制

去除多余的杂味，
只保留食物真正的味道。

田泽

田ざわ

天妇罗（北海道）

中田推荐："虽然以往没有因吃天妇罗而感动的经历，但函馆的天妇罗彻底改变了我的认知。"这里的天妇罗十分正宗。而且"不知为何吃后浑身轻松，尤其是虾很漂亮"。主人用绝妙的技巧去除鱼、虾、贝类和蔬菜多余的腥味和水分，保留了食物本来的味道。虾、乌贼、鳕鱼、康吉鳗鱼等不用说，用鱼白和盲珠雪怪蟹的汤叶卷、炸扇贝、万愿寺辣椒和蜂斗菜里塞满虾等独创的天妇罗也是极好的。最后可以点天茶和天蔷薇（大碗油炸）。自制的果冻、百合根的馒头和莲根饼等点心也是一绝，这是一家充满阳光的天妇罗店。

地址：北海道函馆市杉并町 23-10　联系电话：0138-56-2023
完全预约制（预约需要介绍人）

至今仍以端正的姿态迎接名士。

日本旅馆

おもてなしに・ほ・ん・も・の

沼津俱乐部

静冈县 沼津市　文＝富田昭次　摄影＝大森忠明

名匠和名流精心创建的沼津俱乐部。投身其间，沉浸在喜悦中。

个房间守护着时代的开端。

明治时代的文人沙龙又复活了

今天，静冈县沼津市热闹非凡的鱼市场和美食街作为旅游胜地拥有很高的人气，但您是否知道它过去曾因有着高级别墅而声名显赫呢？

明治二十六年（1893年），由于当地气候温暖，于是有人在千本松原等风景优美的地方修建了御用宅邸。此后，很多名人志士相继在此地建造别墅。这些名士中便有丸见屋（三之轮肥皂）第二代社长三轮善卫兵。他在明治四十年（1907年）建造了现代日式建筑的别邸松岩亭，设计了全室是茶室、旨在举办千人茶室的庭园。之后，经年累月，房屋逐渐破败，如同空房子般的名建筑被修复，在此基础上又建造了8室旅馆，重新焕发生机。中田英寿称赞沼津俱乐部“将和馆和庭园改为餐厅的创意很有特色”。

经营这家拥有悠久历史建筑物的旅馆的人是北山瞳。30多年来，他在枥木县那须运营“二期俱乐部”，每年都会举办开放大学“大山学校”，著名建筑师石上纯也曾在此拍摄电影《水庭》，借助这些丰富多彩的活动打造文化旅游胜地。

右…和馆的旧松岩亭由茶道爱好者(第二代三轮善兵卫)建造。
左页…和馆里保留着很多手工制作的吹制玻璃。在稍微侧身能够看到外面景色的地方，也能感受到历史。

在富士川的沙和土壁上，
沉睡着堆砌时的记忆。

“在那须，发掘尘封的文化资源，充分发挥想象力，将其打造为文化阵地之一。因为沼津俱乐部也是珍贵的文化资源，我想以同样的方式来运营，所以决定亲自动手。”

北山先生珍视的信念是“文化凌驾于经济之上”，所以给人的感觉不同于利益至上的经营者。从沼津俱乐部也可以看出北山先生的这种信念。在平成二十六年（2014 年）的公开茶会上，他接待了东京国立博物馆名誉馆员、陶瓷研究家林屋晴三先生。这里每年为象棋棋圣战提供比赛场所，而且在熟人的帮助下，还成功举办了井山裕太的围棋比赛。

沼津俱乐部逐渐演变成三轮善兵卫所向往的文化沙龙。

让人心情舒畅的建筑。版筑、水盘、苏州瓦……

一边流连庭园的树木，一边穿过茅草屋面的长屋门[1]，没多久就看见右手边的和馆和左手边的住宿楼。首先介绍一下住宿楼。前面那座有前台和休息室，版筑墙面的建筑物就是住宿楼。这是一座让人心情舒畅的建筑，由富士川的沙子和泥土砌成，线条柔和，周围是苏州瓦。隔壁是客室楼，伫立在水池前，由与北山先生颇有渊源的著名建筑师渡边明设计。二期俱乐部是渡边明住宿建筑的出道作品，

右…这是一间整合西式样式和日式设计的客房，阳台很亮敞。
左页…由富士川的沙子和泥土堆砌而成。北山先生说：“作为建筑物，就是给大家展示旅馆的最终样貌，这可以留存在建筑史上。”

1 长屋门：近代高级武士邸宅大门形式之一，左右两侧备有佣人和家臣住的长屋。——译者注

据说，过去这附近有很多这样设计的别墅。建造别墅的三轮善兵卫兴趣广泛，是歌舞伎的赞助人。沼津俱乐部这一名称，实际上是以战后不久成立的社团法人沼津俱乐部来命名的。之后，成为幸免于战祸，实现协商战后复兴的场所。左下角的照片是当时讨论《日本宪法》草案的“昭和之间”。

沼津俱乐部是其最后一个作品。住宿楼建材主要采用木头、泥土、石头，与和馆融为一体，仿佛静静地折叠着岁月。客房内的装饰和色彩都很低调。装入代替布帘的竹帘的推拉门，门缝中透出的光线，格外地柔和。

接下来，中田将视线转移到被多次称赞“真的很漂亮”的和馆。这是侍奉江户幕府的木匠头领柏木家十代柏木祐三郎建造的，汇集了茶室建造的精华。平成二十六年（2014 年），它被收录在国家有形注册文化遗产，从中可以窥见其价值。

这里诞生了『可利用的文化遗产』的历史。

现在，和馆的房间多为茶室，标有名字的只有 9 间（不能住宿）。其中最受关注的就是被称为“昭和之间”的沙龙。这个房间的设计东西合璧，最显眼的是竹制天花板，其他部分也可见和风设计风格。人们也可在这处“居心地”感受战后讨论《日本宪法》草案的历史。饭后，很多人会一边看藏书和写真集，一边休息。

“春日”是供餐的单间。有一整面墙是玻璃，可以将庭园景色尽收眼底。

盘子上的岁时记。

1 2 3 4 5 6 7 8 9

厨师长青木圣人(图9)说："菜单重视流程和平衡。"供应的日本料理(图2 ～ 4、6、7)，根据采购情况，可以随机应变地改变流程和做法。例如，在鲷鱼料理(图5)中加入茼蒿酱，宛如法式料理。此外，在中途制作有酸味的料理，以改变口感，即左页的酒蒸法的橙醋馅，"切记不要加得过多"。为了给客人留下好印象，时刻铭记提供品相好的菜品。关于酒类，葡萄酒品类丰富(图1)，还准备了"地酒循环3种"等日本酒。由抹茶岭冈豆腐、红豆、黄豆粉、梨、葡萄制成的甜点(图8)。

另外，“主餐厅‘映’”是和式房间，但吃饭时却是要坐在椅子上的。在这里能体验到追溯时代之感，作为“可利用的文化遗产”的魅力也是沼津俱乐部的存在价值之一。

植物茂密的庭园“松石园”约有 9 000 平方米，将和馆围在里面。自古以来，庭园就是招待客人的地方，中田也被庭园的奇妙魅力吸引。开业以来，一直守护庭园的 80 岁的手艺人说：“为了让客人在进入的瞬间心情愉悦，我们除了打扫卫生之外，还在努力做好其他准备。”不仅仅是庭园内要保持清洁，外围的小路也要保持干净。遇到狂风吹落树叶的日子，第二天就会很辛苦。“我觉得这里不是工作场所，而是自己家。所以，工作起来不觉得辛苦。”实际上，北山先生每天都将庭园清扫得很干净。

“因为招待的根本，即日本审美意识的原点在于洁净。茶水也是如此。回过头来看，我觉得只是按照自己的设想来运营。”

如此说来，沼津俱乐部就像侘寂的茶道一样，没有任何奢华的东西，设施简单。尽管如此，不知为何，人们还是被吸引纷纷前来参观。中田说：“在旅行中，我们有时会沉浸在什么都不做的奢侈中。”喜欢到这里旅行的人，也许会再次享受置身于此的乐趣。

左…工作人员在认真工作，准备接待客人。在园子里可以看到许多黑松。

右页…沼津俱乐部附近的千本松原。歌唱家若山牧水晚年时因迷恋松原而移居沼津，在松原享受逍遥生活。

牧水也爱松林之风。

沼津倶乐部

沼津倶楽部

静冈县沼津市

倒映在水上的两层住宿楼，附有迷你温泉。

地址：静冈县沼津市千本乡林1907

联系电话：055-954-6611

另一个想回去的地方。

名月庄

山形县　上山温泉

文＝富田昭次　摄影＝大森忠明

名月庄享有至高无上的地位，但它没有满足于现状，而是继续在招待客人方面精益求精。在此度过愉快时光的客人，记录了自己的感悟。

与自然融为一体的日本旅馆。

不用装饰也可以，人们更在意的是餐厅

一接近篝火熊熊燃烧的门屋，烟味就扑鼻而来。

进入一看，地炉里的柴火红火火地燃烧着。进入玄关前，中田英寿看到此景时总会想，又回到这个旅馆了。

山形县的上山温泉——名月庄，是眺望藏王连峰的绝佳住宿地点。旅馆已开了42年。会长菊池敏行先生坦率地说明了事情原委。

“我以前在其他地方开店，因为发现了这一绝佳地段，所以将店搬至此处，真是太幸运了。”

绝佳地段——据说开旅馆的第一条件是选址环境。首先，选一块位置最好的土地，而且要视野开阔，背靠丛林。在丛林散步的人称这片丛林为“妖精森林”，有时运气好的话还能看到斑羚羊。正因为有这些，所以会长才说“此地是一块绝佳地段”。

后来，会长凭借着天生的待客之心，在经营中融入各种各样的想法。其中之一便是决定让全部客房都带有餐厅。

右…绿意盎然的山丘在这片土地上绵延。望向里面看到的是瑜伽房。

左页…4 000坪[1]的广阔土地。客人可一边眺望树木，一边使用作为谈话室和画廊（迁建于大正时代）等设施。

1 1坪≈3.3平方米。——编者注

或聊天，或眺望，或发呆。
人们在旅馆里自由自在。

客房配备了椅子和桌子，这是日本高级公寓里才能看见的“起居室·餐厅”的布局模式。这源于“在早晨容易因被褥放置而变得慌张的时间里，想在房间慢慢地享用早餐”的念头。

“还有，最近在馆内设置西餐厅的旅馆增加了，但是这样的话，女性顾客就不得不注重着装打扮。因此，我们要坚持敢于‘走出房间’，衷心希望客人们在此放松身心。”

客房里还有很多其他的人性化关怀。比如给不习惯榻榻米的和腿脚不方便的客人提供便利。客房服务员告诉我：“这样的客人，在这里就能享受美食。”

故意降低门槛，在穿工作服而不是和服上下功夫

是的，名月庄并没有被所谓的日本旅馆的“约定事项”束缚。会长说：“我们想建一个更自由的旅馆。”

为了让客人在匆忙的早餐后能够洗澡、睡觉，放松身心，将退房时间设定为11点30分，入住时间为14点。与其说是“住宿”，不如说是“度过”。馆内有可供长时间停留的图书室和画廊，还会邀请音乐家举办演奏会。

右…为了保持新鲜感，客房一年改装一次。
左页…温泉上行处准备了舒适的椅子。早上供应特制果汁，下午免费供应特产魔芋等。这里紧挨着图书室。

喷涌的山泉，是旅馆的另一大亮点。

并且，客房每年都会更换一次，这样一来每个季节的点心和料理也会变得更精致。据说，入住的客人中，有人入住多达四五十次，他们这样做的理由之一是，不管何时造访，这里都有未曾体验过的创意和新的乐趣在等着他们。

而且最重要的是，可以从客房服务员的制服中体会到名月庄独特的用心。她们穿的不是和服，而是柔软布料的工作服。这是一款轻巧的、方便的制服。名牌上写有名字，方便客人称呼。中田说："客人都觉得很有意义，很受感动。"另外，穿工作服是为了不让顾客感到紧张，让客人感觉更亲近。

总之，名月庄的特点就是经常变化。这可以说是名月庄的财富，为什么会这样呢？一位客房服务员的经历或许可以告诉我们答案。那位女性为了求职曾造访几家旅馆，但最后对名月庄一见钟情。据说是被公司温暖的氛围打动。她说："公司就像一个大家庭。"

名月庄确实是一个大家庭。站在中间的是温柔和蔼的社长菊池友伸先生和每天笑容满面的年轻老板娘菊池成湖夫人。大家异口同声地说："考虑客人的需求，进而用心接待客人，这也许就是我们上下一心的原因。"

右…被评价为"水温舒适、温和"的温泉。
左页…除了大浴场外，还有将藏王町的石头挖空形成的出租露天浴池、出租家庭浴池、出租温泉(另一栋房子)等独特的温泉。20间客房中有15间客房带有露天或半露天浴室。

盘子中盛的既是土地的
食物，也是文化宝库。

1 2 3 4 5 6

1～6.山形县丰富的食材构成每月的菜单。炭烤松茸(图1)和山形县的牛排(图6)自不用说,还有当地捕捞的毛蟹(图3)及鱼贝类。这是只有熟知山形县食材的厨师长木村胜利先生才有的工作作风。另外,装饰器皿的植物也是木村先生利用休息时间进山采集的。红薯煮乌冬面(图4)也是一道很受欢迎的菜。望君品尝!

左页…木村先生出生在山形县,在东京完成学业后回到故乡。社长菊池先生说:“每个月都在公司内举行试吃会,努力研究不会让客人厌烦的料理。老板(木村先生)非常热衷于学习,这让我很惊讶。”

日本的旅馆是为感知客人内心而建的。

例如，接受预约时，要认真登记信息做好准备。然后，不断积累总结经常光顾的客人的信息，与大家共享。这样的共同合作似乎孕育了大家族的共同感。女主人回忆道：“在餐厅时，注意到某位客人在就餐时是左撇子，那么从上第一道甜点开始，就为其提供方便用左手的配套服务，下次再见到这位客人时，从一开始就会为其做好这方面的准备。”

中田说：“他们的服务给人一种无微不至的印象。”

那么，客人实际上是怀着怎样的心情来住宿的呢？让我们从图书室的书架上取出客人留下的“旅行回忆”。有人写道：“我应朋友之邀，从大分县来。请珍惜这份静谧。”另一个人写道：“一边听后辈弹钢琴，一边放松心情。”也有人写道：“无论来了多少次，都想再来一次。”大家在这家旅馆度过了愉快的时光。而且，有好几个人写道：“这已经是第无数次了。”中田说：“我想日本旅馆的精髓在于抓住了客人的心灵。只要身体一走，心灵马上就想再回来。”日本旅馆的真实面貌就在这里。

右…早餐的小菜种类很丰盛，有烘烤海苔。

右页…早餐是用锅煮的山形县产的“艳姬”大米。煮至颗颗饱满。据说有不少人即使不喜欢吃大米也会食欲大振，再添好几碗。

在不知不觉中因款待而得到满足。

名月庄

名月荘

山形县 上山温泉

在这里可以不住宿，只用餐。另外，馆内的历史性建筑藏品画廊经常展示山形县的艺术家和设计师的作品，不住宿的客人也可以欣赏。同样地，摆放着大量“好东西”的商店也面向大众开放。

地址：山形县上山市叶山5-50　联系电话：023-672-330

款待客人的日本旅馆

おもてなし に・ほ・ん・も・の

与其说是庭园，不如说是境地。

御宿 竹林亭

武雄温泉（佐贺县）

历史悠久的古汤武雄温泉，是在奈良时代发现的。在离中心最近的车站乘公交 5 分钟，便可看到一家别有洞天的旅馆，它就是竹林亭。首先引人注目的是 1845 年开放的庭园“御船山乐园”和被御船山环抱的空间。15 万坪（约 49.5 万平方米）的广阔空间中，仅有 11 间房。正如竹林亭自己标榜的“庭园是旅馆，旅馆是庭园”，风雅的庭园最具魅力。中田英寿说：“本来，旅馆是人工建造的，但即便如此，将其与自然融为一体的想法十分重要。在这家旅馆里，我感受到谦虚的精神，不自主地沉浸在栖身于此的愉悦中。”

其中有的房间还配备了赏月台。根据季节的不同，可以在室内享受“竹光晚餐”。家人也可以在此留宿。

地址：佐贺县武雄市武雄町大字武雄 4100
联系电话：0954-23-0210

浴室是一个小宇宙。

秘境 白川源泉 山庄 竹笛

秘境 白川源泉 山荘 竹ふえ

白川温泉（熊本县）

中田说："我很喜欢温泉，特别是露天温泉，可让人感受到深厚的文化底蕴。"他虽有丰富的温泉体验，但山庄竹笛仍让他大为震惊。位于阿苏山北面的白川温泉，因只有"知道的人才知道的存在"（中田英寿），所以被称为秘境。5 000 坪（约 1.6 万平方米）的土地上遍布的数万棵竹子，营造出一种神秘的氛围。

这里有 12 个房间。穿上浴衣、喝着石臼咖啡，身心畅快，古民居风格的客房里还有充满野性的露天温泉（自家源泉露天温泉的总数为 29 间）。希望大家一定去体验一下中田曾经说的"能让人安心的旅馆。我从未见过如此宽敞的露天温泉"。

地址：熊本县阿苏郡南小国町大字满愿寺 5725-1
联系电话：0570-64-559

所谓感觉就是五感顺畅。

妙见石原庄

妙見石原荘

妙见温泉（鹿儿岛县）

关于选择住宿的标准，中田这样说："有些人注重服务，有些人重视饮食，我却选择二者的平衡。""最近注重设计的旅馆不断增多，但因过度追求设计，很多旅馆很难让人感受到和谐。在此情况下，石原庄将洒脱之感与文雅高尚的住宿文化紧密结合，这一点确实难能可贵。"

例如，客房将充满历史韵味的石藏、数寄屋风、民居风、现代和风，以及不同趣味的设计完美地结合起来，通过多种风格的设施来展现特色。露天温泉位于面向天降河流的好地段。河边的露天温泉深受好评，旅馆里准备了泡温泉时使用的篮子，还有可供泡澡的休息室。中田特别写道："还有能让人感受到用心的料理。"

地址：鹿儿岛县雾岛市隼人町嘉例川 4376
联系电话：0995-77-2111

海之物，山之物。

海边 波沙罗邸

汀渚ばさら邸

伊势志摩 贤岛温泉（三重县）

伊势志摩因拥有历史悠久的伊势神宫和美丽海岸线，自古以来就备受人们喜爱。中田对这种历史和自然有着浓厚兴趣，因此在这里时自然就特别关注这个豪华宅邸。“虽然设计很现代，但在舒适度、料理方面让人有好感，整体上很平衡。”众所周知，伊势志摩是产优质鱼、贝类的宝库，但这里也产蔬菜却让人很意外。据说该地土壤肥沃，很适合优质蔬菜的生长。选一个能获得丰富食材的地方建址，这也许是波沙罗邸的待客之心和出发点。

此外，英虞湾有美丽的风景，全屋准备的露天温泉，具有自由休息室功能的八角形“时之家”也能让客人在此度过愉快时光。

地址：三重县志摩市阿儿町鹈方 3618-74
联系电话：0599-46-1189

无处不在的严谨。

强罗花坛

強羅花壇

箱根 强罗温泉（神奈川县）

在知名度超群的箱根，有知名度超群的旅馆。主人将旧别墅打造成旅馆，体现了历史和现代的交融。中田强调：“旅馆并不是富丽堂皇的样子，但充满历史沉淀的氛围。无论是日本人还是外国人，都会被感动。希望大家一定要去一次。”

旅馆有标准的日式房间、带露天温泉的房间，以及不带温泉的房间，种类多样。旅客可根据旅行目的和同行人员的情况选择不同的房间。

旅馆内有室内游泳池、健身房、桑拿房等配套设施。中田说：“这里还有喷气式飞机旅游者所希望的配套设施，这也是向外国人推荐的理由之一。”强罗花坛能够加盟世界级精品酒店组织罗莱夏朵（relais et châteaux）成为其会员，也是可以理解的。

地址：神奈川县足柄下郡箱根町强罗 1300
联系电话：0460-82-3331

在日本的森林中，
感受北欧的浪潮。

阿尔托酒店

HOTELLI aalto

里磐梯（福岛县）

有些旅馆虽无特别之处，却是“居心地”，中田说阿尔托就是其中之一。该旅馆位于因五色沼而出名的里磐梯。因重新利用有40年历史的山庄，所以看上去已经完全融入高原的绿色中。历经时间积淀的建筑物，使周围的空气都变得格外温柔。中田分析这个旅馆的特色说：“充分利用了周围的自然环境，以北欧的生活方式为理念，引入北欧风格的家具，这种利用恰到好处，能让人充分感受到设计的巧妙。”

虽是酒店形式，却附带有温泉流淌的大浴场，泡完温泉后可在休息室休息。旅馆提供会津传统蔬菜做成的料理，和旅馆的氛围相得益彰。

地址：福岛县耶麻郡北盐原村大字桧原字大府平1073-153
联系电话：0241-23-5100
※2019年夏季已进行改建。设施、景观等方面均有所变化。

黄昏时分
村落附近的山，
也是日本一宝。

角馆山庄 侘樱

角館山荘 侘桜

奥角馆温泉（秋田县）

角馆被称为“奥州小京都”，侘樱位于其中心部偏北的位置，类似客厅的位置。迁建后的茅草古民宅、围炉后面的休息室和观星台等设施、东京名店“分德山”总厨师长制作的料理以及源泉挂流温泉等，都是该旅馆的特色。中田说：“虽在深山里有孤独之感，但这里却给人自然与历史、现代元素绝妙融合的印象。这里的温泉也极好，附近还有著名的乳头温泉，所以在深山中可谓游览温泉的据点。”虽说是深山，但户泽先生约在 800 年前就在这片土地上筑城，江户中期西洋画、秋田兰画也诞生于这片土地。侘樱自信地经营着这样有历史渊源的旅馆，历史和文化的融合让人内心更为沉静。

地址：秋田县仙北市西木町门屋字笹山 2-8
联系电话：0187-47-3511

在田野里的旅馆中，
明白了简单即
富足的真谛。

bi. blé餐厅

Restaurant bi.blé

美瑛（北海道）

法国的酒店有的配有豪华餐馆。中田提到bi.blé时说："总觉得bi.blé是优质豪华餐馆的原型。"在周游北海道时，中田再次被美瑛的美丽吸引。同时，对bi.blé的存在充满感激之情。旅馆只有5间双人房，并且装修十分简洁。但是，用北海道食材做出的料理和面包却是异常美味，在这里不仅拥有视觉盛宴（能远眺美瑛小麦之丘的景色），还能满足味觉，真是无可挑剔。"我想去北海道旅行，漫无目的地顺便在此住一晚，然后再去其他地方。"爱旅行的中田说。

地址：北海道上川郡美瑛第町字北瑛2
联系电话：0166-92-8100
※11月到2020年3月的星期一至星期四休息，小学生以上方可利用

在樱花守护的酒窖里，
日本酒
开始走向世界。

日本酒

にほんしゆ

に・ほ・ん・も・の

高木酒造

山形县　村山市

文＝山内史子　摄影＝大森忠明

中田英寿走访全国各地的酒窖，品尝无数品牌酒，最信赖的酒莫过于山形县村山市高木酒造的『十四代』。酿酒厂的高木显统先生倾注身心酿造的美酒，现在还在继续改进、升华，努力打开通向世界的大门。

尽管有传统的技艺，但不限于以前的味道。
NO SMOKING

它的宗旨是让人们在喝酒的瞬间，露出笑容

“十四代”是高木酒造在 1994 年酿造的日本酒的名字。至今，它仍是日本酒爱好者最憧憬的酒。温和清新的香味，可以让人感受到丰满圆润的大米的美味。酒后余味也令人愉悦。品尝过无数名酒的中田英寿毫不犹豫地将“十四代”列为酒中第一。

中田说：“无论什么时候，无论处于何种状态，喝‘十四代’的瞬间，都会面带笑容，单手拿着玻璃杯，表情也会舒缓下来。”

高木酒造创立于 1615 年。现酿酒厂的高木显统是第十五代传人。转机出现在 1993 年高木显统 25 岁时。他父亲让其代替因高龄而引退的杜氏酿酒，这便是他开始酿酒的契机。酿酒厂负责经营，杜氏指挥酿酒，分工明确。高木显统在大学里曾学习酿酒，在周围人的协助下，他仍在拼命提升自己。

大学毕业后，他曾在经营高级食材的超市上班，负责采购酒水，切身地感受到淡丽辛口的酒比较受欢迎。然而，高木先生却致力于凸显大米的美味，试图酿造出自己觉得真正美味的酒，最终实现了这个目标。

右…高木先生和中田英寿不仅在味觉方面，在其他方面也有相同的感受。两人之间有说不完的话。

左页…砖砌烟囱上用英文写着“禁止吸烟”，是由喜欢追求新奇的高木先生的祖父设计的。

※杜氏，从事酿酒的工匠们的社长，均被称为“杜氏”。

配备最先进的机器，无止境模拟

“第一年真是太神奇了，我一直在想是否有神仙相助，可能有股祖先也看不见的力量在帮助我。”

新酒下料酿造后，高木先生突发高烧住院长达一周，身体因拼命工作而日渐消瘦。但是因“十四代”未紧跟流行趋势，在初创阶段并未受到市场欢迎。而在拜访了东京的销售商和饭店后，他不久便收到“正需要这种酒”的答复。把希望寄托在珍惜酒的人的身上，就像精心培育孩子一般，“十四代”的精神就像传说一样广为流传。

中田在 2018 年 4 月中旬访问酒厂，当时临近新酒下料结束。酒厂里既有超过 200 年的木制建筑，也有新建的耀眼的白墙工厂。“一边调整最新的机器，一边无限模拟。在酿酒过程中，手感很重要。员工把手伸进米中，即可知道温度是多少摄氏度。与此相比，也有许多人力无法做到的事

右页…作为国酒的日本酒造继承了传统的祭神仪式。酿酒场所必定设置神龛，稻草绳也随处可见。
上图…两人试饮刚榨好的新酒，坦诚地交流意见。

情，因此工厂在这方面已积极投入使用机械。”事实上，了解其他酒厂情况的中田惊讶地发现，这里随处可见最先进的机器，在其他酒厂从未遇到这种情况。酿酒的工序也经过细微的改革逐渐进化。小时候从祖父那里接受汤汁和食材味道的训练而锻炼出的敏锐味觉，使高木先生一直在追求更高水平的美味。

“高木先生即使维持现状也应该能过得很好，但他却经常引进新技术。‘十四代’很畅销，但他没有止步不前，而是持续向前发展，这一点很了不起。”中田还说，不仅在喜欢的酒的味道上，两人在味觉方面的感受也大体相同。

只要接触米就能知道温度，
手感很重要。

1 ～ 6.蒸好的米被运送至“曲室”，这里是管理温度的房间。在不断用手仔细揉搓的过程中，生长在米上的曲霉菌繁殖，淀粉转变成酿酒所需的糖分。7 ～ 12.最先进的机器、精密的数值计算、人的感觉，三者结合酿酒的方式，可增加酒的美味。高木先生对员工说：“微生物是对手，所以要时刻牢记微生物一直在观望。如果松懈的话，就只能做出补救措施，这样会被人笑话。”

左页…经验丰富的人用手即能感知到米的状态和温度的微妙变化。为了让曲霉菌繁殖，曲室采用了切断杂菌进入的构造，将室温调整到30摄氏度左右。酒曲完成的时候，米开始散发出类似栗子的香味。

无时无刻不在想着
酒的味道、酿造和储藏的事情。

“因为一起用餐，对酒的看法也志同道合，所以很开心。我如此喜欢‘十四代’，可能也是这个原因吧”。

想让全世界都领略日本酒的魅力

不仅是喝酒的人，对生产商来说，“十四代”也是辉煌的存在。肩负下一代重任的酒厂接班人齐聚高木先生身边，向他请教。如果知道失败的原因就不会担忧，甚至也能公开告之，但据说当时并没有可供参考的详细数据。

“人的喜好会因时代而改变。即使有传统的技艺，也不会再有以前的味道。我认为与未来连接，向未来传递信息是我最重要的工作，但每个人都会纠结挣扎。永远不要忘记自己的酒是最美味的。”

高木先生在与中田的相遇中产生了新的想法。

“人、工艺、时尚。我从中田先生那里了解到日本酒以外的世界，他教会了我许多东西，如果不能这样持续下去的话，那就要意识到改革的必要性。我对目前所做的工作感觉很幸福，再次觉得能酿出日本酒真是太好了。”

目前，两人正在制定战略拓展海外市场。“不是为了宣传

右侧…酒厂附近还保留着世世代代传承下来的、富有日本风情的房屋。由此可见，人们一直非常珍惜它们。
左页…雪利酒桶中静待酿制的米烧酒。

‘十四代’，而是为了宣传日本酒。开拓市场需要顶级品牌，而‘十四代’具备成为世界顶级品牌酒的实力。因为品尝到这种美味，海外市场和饮酒者的意识一下子就改变了。”高木先生继续说道。

“与其说是推销我们的酒，不如说是让对方了解日本酒。我们要妥善进行温度管理，保证出口质量。我想借着非业界的英寿先生的计划和力量，向海外的人传播日本文化和自然环境。”

高桥先生笑容温柔、声音洪亮、身材苗条，围绕在他周围的空气都变得很温柔。

高木先生不止步地研究，哪怕身体被搞垮，也要将全部精力倾注在酿酒事业上的斗志，平时大概潜藏在内心深处吧。他除了酿酒以外没有其他爱好，从山形市开车到酒厂的村山市的路途时间是他唯一转换心情的时间，但是他的思绪仍被关于酒的一切包围。

“无论和谁谈话，随时都在关心酒的味道、酿造和储存。但是，如果不这么拼命的话，日本酒的酿造是会停滞不前的。”

如今，不知道在什么地方，高木先生大概又把心寄托在酒上了。今后，酒的味道如何，如何酿造？“十四代”的故事没有尽头。

左…4月上旬，春天来临时酒窖的景色。冬天有将近一米的积雪。
右页…用名为“杉玉”“酒林”的杉树叶做成的装饰，随着酒的下料酿造，叶子从绿色变成了茶色。

祖先看不见的力量。

高木酒造

日本酒“十四代”藏元[1]

身为藏元的高木显统先生(左),不仅有高超的“十四代”酿酒技术,在兼任杜氏时也是先驱般的存在。高木先生与最新机器制造商交谈时,会提出一些自己的想法,这对机器的研发很有价值。“十四代”仅在特约店销售,不允许参观学习和直销。

地址:山形县村山市富并1826

联系方式:0237-57-2131

1藏元：江户时代出入『藏屋敷』，掌管贡米、特产等出入的商人。——译者注

木屋正酒造

三重县 名张市 文＝山内史子 摄影＝大森忠明

大西唯克先生继承了有 200 年创业史的木屋正酒造。
在迂回曲折的艰辛创业后，他创造出『而今』。
他是肩负日本酒业未来大任的年轻人，历经岁月，不断挑战和前进。

历史悠久的酒窖，如今酿造了新的味道。

『而今』，
就是活在这一瞬间。

创业于1818年的老字号
藏元培育出的新星

提到清酒产地，很多人可能会想到北陆、东北，或是滩、伏见等地，但日本各地都有美酒。例如《日本书纪》中被誉为“美丽之国”的三重县。在与奈良县的交界处，木屋正酒造所在的伊贺地区，自古以来就以酒乡闻名于世。

这是一家创业于1818年（文政元年）的老字号。现藏元大西唯克先生在26岁时开始从事酿酒工作。他辞去食品加工工作归乡后，才了解到酒的生产量已面临降到全盛期50%以下的严重危机。虽然当地酿造了40年间广受欢迎的“高砂”，但仍无法预见需求的增长。虽然原本对继承家业没抱有什么想法，但面对残酷的现实时，他不得不承担起为了酒窖的存续而酿造被全国认可的酒的使命。

他在杜氏的身边作为藏人工作了两年，却总是无法接受酒的味道，于是他在2004年立志自己成为杜氏。在父母的培训下，他经过3年的反复摸索尝试创造出“而今”这种酒。大西先生不被一时的流行左右，而是努力寻找能够认真销售的销售店，他大显身手，一跃成为今日本酒迷和业界瞩目的存在。中田英寿评价其酿造的酒的味道时说：“凝缩的甘甜，缓缓进入口中。酒精的浓度不高。虽能感觉到辛辣，但因平衡有度所以不觉得辛辣。‘而今’是大西先生酿的酒。”

右…木屋正酒造的周围，以流经附近的名张川为首，有着丰富的自然资源。
左页…在给米加水的过程中，水量会影响到酒的口感，因此需要特别注意。一边看表一边以秒为单位计时。

※藏人=杜氏之下，在酒窖工作的手艺人。

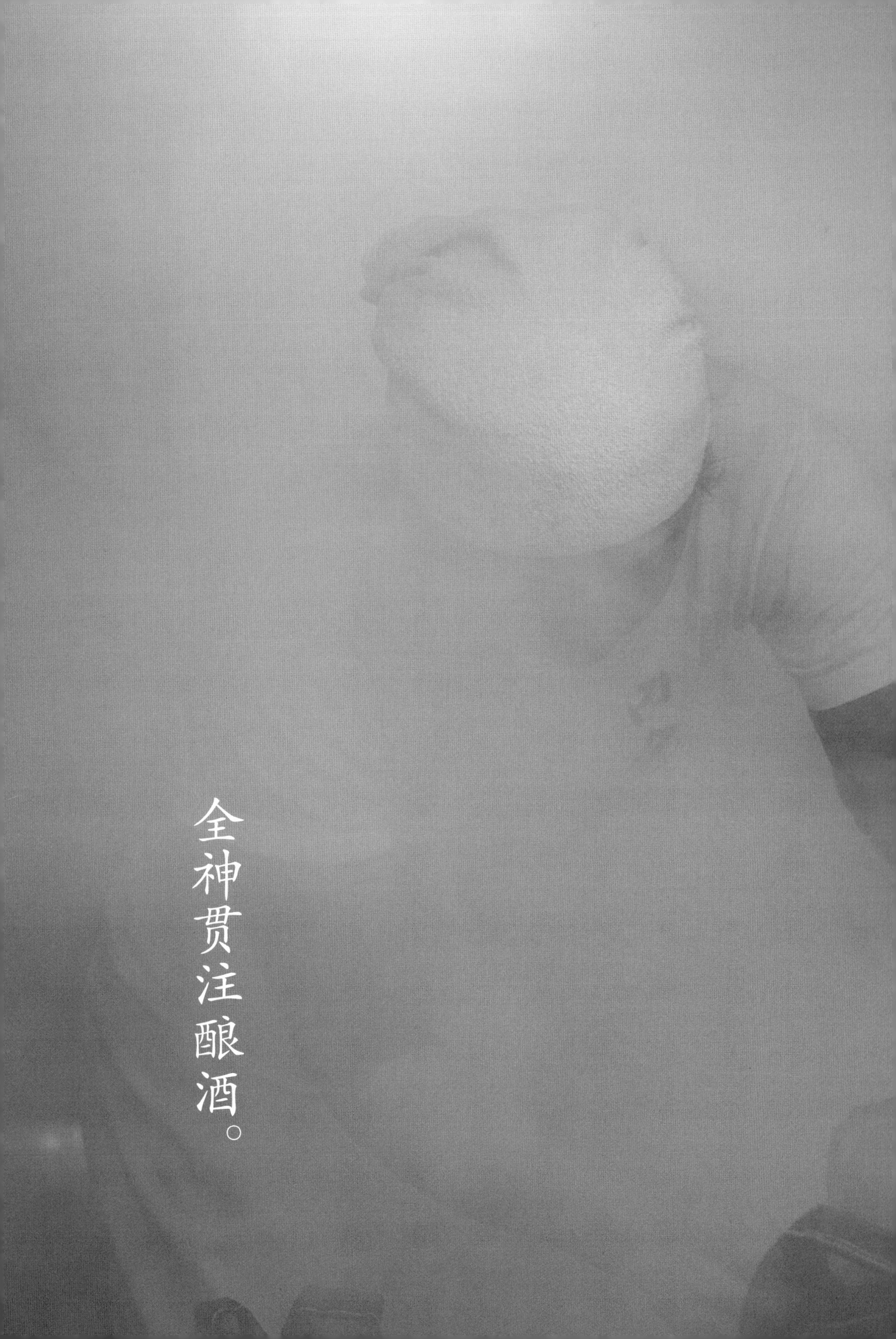

全神贯注酿酒。

不是增加，而是继承

大西先生说，多年前中田第一次拜访名张的记忆让他至今难忘。

“你想怎么做？你想变成什么样？你的定位是什么？”中田的提问不时在他的脑海里闪现。目前，“以能经得起考验的品质为目标，通过减法而不是加法来酿酒。这种不依赖于甜味和香味的表现得到了市场的回应，但是不能骄傲，不能满足于取得的成就，而是要继续前进。”

为了防止杂菌进入，他严格管理工序，使味道更加清澈。以前想要出售商品、展现个性的渴望，现在也发生了变化。“即使不勉强饮酒，能够给喝酒的人带来快乐的时光也是极好的。第一杯令人感动的酒是极其重要的。我不想当配角。在努力改进的基础上，如果有人说好喝的话我会很高兴。我认为酒代表人。”

“而今”是大西先生本身，这与中田的话如出一辙。中田评价说，酿造出超越世代的美酒，就像一步一步地走上台阶的感觉。

右…谈到日本酒的原料就会想到大米，但是作为下料，甘甜可口的水也是不可或缺的存在。优质的水源是酿酒的后盾。
左页…将蒸好的米迅速运往车间，以降低其温度。

1、2.在蒸米的过程中，窖内随着蒸汽的散发，而有了浓郁的香味。如果散发出类似栗子的香味的话，就意味着米快蒸熟了。3、6 ~ 9.从9月中旬到第二年5月上旬是连续酿酒的一个阶段。蒸熟的大米、产生曲霉菌的大米、培养酵母的酒母，兑水定期搅拌，酿造出沸腾的会呼吸的酒。4. 在给米加水的过程中，要记录米的量和浸在水里的时间。5.标签全部使用带有立体感阴影的和纸。

左页…在蒸好的米中撒入微量的曲霉菌，这是酿酒过程中最让人紧张的时刻。这个过程需静静等待，直到曲霉菌逐渐融入大米。大西先生像是在祈祷什么似的闭上了眼睛。

使用清澈透明的水酿酒。

“而今”是佛教用语，意思是不拘泥于过去或未来，活在当下。这是大西先生的母亲有感于儿子的辛勤操劳而写下的话。大西先生遭遇的苦难和挫折接连不断。说实话，他也经历过孤军奋战的艰难时期，但自接任至今已过10年，酒的产量从200石跃升至1 000石。

“以前我觉得适量的工作就好，但是如果能和更多的人相遇，如果能得到更多机会，就会想着尝试增加工作量。”

不满足于现状，在酿酒事业上倾注全部心血

在藏元中，由年轻的藏人构成的团队支持着40多岁的大西先生。如果不自己思考，人就不会成长。秉持着这种想法，大西先生将看清酒的质量的必要工作也慢慢交给了年轻人。

为了打开市场，将传统延续到未来，有必要创造一个便于工作的环境。于是，大西先生改革了酿酒期间必须留宿的业界习惯。因为藏人每天都去工作场所，有的女性只能利用把孩子寄放在保育院的空余时间工作。更有甚者，会为了下一代而去各地演讲。

“以‘十四代’的高木显统为首，正如前辈们给我展示的那

右…数瓶“而今”和在温故知新的尝试中产生的“高砂”(左边)。饮者可以试着比较二者口味的差异。
左页…酿酒过程中用的是名张川的泉水。

※石——日本酒的单位。1石=100升。

样，我认为毫无保留地谈论酿酒工作是一种报恩。”

在酿酒方面，大西先生迈出了新的一步。从 2017 年开始，他尝试生酛酿酒。这种吸收自然的乳酸菌酿酒的方法，是一种一如往昔的传统手法。在品牌“而今”诞生前，扎根于本地的品牌是“高砂”。相对于口感柔和的“而今”，“高砂”则以入口浓烈，余味淡雅著称。两种味道完全不同，着实有趣。

大西先生说，在与中田的交谈中，被中田“日本酒藏元的立足点太低了，应该更有自信”的话深深激励，时刻铭记于心。他们试图一起与世界建立起密切的联系。“正因为如此，我才能在日本努力做自己想做的酿酒工作。”

在名张市，大西先生致力的“现在”，与未来的“现在”紧密相连。

右…秉承“酿酒不是加工业，而是制造业”的理念，认真地保留了过去的工具。
左…挂在仓库入口处的招牌。
右页…春天的名张川。这一带是盆地，白天和夜晚温差较大，气候适合酿酒。

制造活的东西，而非『商品』。

木屋正酒造

日本酒“而今”藏元

“而今”改变了山田锦等酒米和酵母的组合，每个月都有不同味道的酒上市。“以洗米、吸水为主，米的状态不同，一切都会不同，这点很有意思。”

左侧是藏元大西先生。“而今”“高砂”均只在特约店销售，不能参观藏品和直销。

地址：三重县名张市本町314-1

联系方式：0595-63-0061

にほんしゅ 日本酒

に・ほ・ん・も・の

中田英寿从世界各地酿造的日本酒中严选了12种。不仅有国内的日本酒，也有国外产的日本名酒。细细品味，便可感受其中蕴含的技艺和个性。

锅岛 NABESHIMA
富久千代酒造 Fukuchiyo Shuzo | 佐贺

佐贺的小藏酿造了『世界第一』的酒。

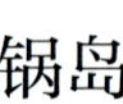

锅岛

鍋島

纯米吟酿 山田锦
富久千代酒造（佐贺县）

“锅岛”于2011年在IWC※上荣获日本酒品类最优秀奖，随后扬名世界。“以走向世界为目标的酿酒，给人清爽的印象。”（中田英寿）果香和大米的道味融合在一起，与清爽的口感相辅相成，恰到好处。

东洋美人 TOYOBIJIN
澄川酿酒厂 Sumikawa Shuzojo | 山口

在海外日本酒初学者中颇有影响力的华丽的东洋美人。

东洋美人 壱番缠

東洋美人 壱番纏

纯米大吟酿
澄川酿酒厂（山口县）

“这瓶酒的香气和味道都让人赞叹，很容易向海外的人传递日本酒的魅力。”（中田英寿）代表“东洋美人”的这一瓶酒，其标签也颇具冲击力。藏元澄川宣史是唯一在高木显统的指导下进修的弟子。

※IWC是国际葡萄酒挑战赛。每年在伦敦举行，是对世界酒市场有巨大影响力的葡萄酒品评会。现无推出清酒竞赛。

无量山 KID
和平酒造 Heiwa Shuzo | 和歌山

作 ZAKU
清水清三郎商店 Shimizu Seizaburo Shoten | 三重

泽屋松本 SAWAYA MATSUMOTO
松本酒造 Matsumoto Shuzo | 京都

最优质的山田锦，米的深厚变成了酒的味道。

纯朴的清水先生酿造的现代酒。

如果在京都喝酒的话，我想选伏见酒。

纪土 KID 无量山

紀土 KID 無量山

纯米吟酿
和平酒造（和歌山县）

纪州风土人情的最高峰“纪土”。口感柔滑、温和。“这几年发展很快的酒窖。其宗旨是保持甘辛平衡，好喝不腻的美味。”（中田英寿）藏元山本典正先生将引领新一代藏元，致力于在业界活跃。

作 惠乃智

作 恵乃智

清水清三郎商店（三重县）

“能让人感受到甜味，对味道的控制很巧妙。每种酒的平均分数都很高。在稳定性这一点上，酒窖在全国排名前三”（中田英寿）。其中，“作惠乃智”就像熟透了的果实一样，散发出浓郁的清香和令人心旷神怡的清凉感。

泽屋松本 守破离

澤屋まつもと 守破離

秋津地区山田锦 Saidol292
松本酒造（京都府）

作为清酒地而闻名的京都伏见的藏元。“作为酒米的代表山田锦，有着介于摩登与古典音乐之间的让人陶醉的味道。”（中田英寿）“守破离”使用了特级地区的山田锦。根据熟化程度不同，也有能改变饮者表情的乐趣。

胜山 KATSUYAMA
胜山酒造 Katsuyama Shuzo | 宫城

泉岳的泉水和大地造就了伊达武士的味道。

胜山

勝山

纯米吟酿 献
仙台伊泽家 胜山酒造（宫城县）

于元禄年间创业，这里是伊达家遗留下的唯一御用酒窖。酒瓶瓶身刻有家纹。“在清淡口味的趋势下，口感浓郁，但不过于沉重，恰到好处。”（中田英寿）与“伯乐星”同产于宫城县，二者比较着饮用，也颇有意思。

伯乐星 HAKURAKUSEI
新泽酿造店 Niizawa Jozoten | 宫城

以喝第三杯仍旧美味为目标，终极美味的餐中酒。

伯乐星

伯楽星

纯米吟酿
新泽酿造店（宫城县）

“因为是可以控制甜度的类型，所以很适合饮用，推荐作为日本酒的入门篇。”（中田英寿）为了让喝酒的人享受最佳口感，调和味道的平衡，认真考虑了产品上市时间。搭配三陆[1]鲜嫩的海鲜，味道更佳。

摩登仙禽 RAKU KICHIZAEMON
仙禽 Senkin | 枥木

因为侍酒师才有的酿酒。

摩登仙禽无垢 2018

モダン 仙禽 無垢

仙禽（枥木县）

藏元的薄井一树先生具有侍酒师的资格。“追求用当地米作为酿酒原料，也给人一种现代葡萄酒的感觉。”（中田英寿）如果在酿造葡萄酒方面造诣很深，那么师傅的技艺和品味应该会更加微妙。

1 三陆：指陆奥（青森县）、陆中（岩手县）、陆前（宫城县）三地。——译者注

满寿泉 MASUIZUMI
桝田酿酒屋 Masuda Shuzoten | 富山

西洋样式的纯米大吟酿。

满寿泉

满寿泉

纯米大吟酿 特制产品
桝田酿酒屋（富山县）

桝田酿酒屋是富山县的老字号，面临各种各样新的挑战。在白葡萄酒的橡木桶中熟化的纯米大吟酿“特制产品”，“不仅能搭配和食，也希望能搭配西式料理。”（中田英寿）这是包括标签设计在内，都让人惊喜的一种酒。

黑龙 KOKURYU
黑龙酒造 Kokuryu Shuzo | 福井

因好的味道而在国外获得好评的酒。

黑龙

黑龍

大吟酿 龙
黑龙酒造（福井县）

1975 年发售。将难买到的大吟酿酒市场化，向全国推广该畅销商品的魅力。“这是在国外最具知名度的品牌，也是高品质酒的代表。”（中田英寿）在亚洲，“龙”字寓意着吉祥，很受欢迎。

矶自慢 ISOJIMAN
矶自慢酒造 Isojiman Shuzo | 静冈

像每天吃的米饭一样，具有王道的美味。

矶自慢

磯自慢

纯米吟酿
矶自慢酒造（静冈县）

1982 年作为吟酿酒的先驱发售的这种酒，可以说是矶自慢酒造的原点。“这是一直引领日本酒业的品牌之一。多年来外观和味道都没有变化。只有喝了那么多种之后，才真正体会到了它的宗旨。”（中田英寿）

颠覆『理所当然』，走在日本酒的前列。

No. 6 X-type

新政酒造（秋田县）

“No.6”是现在最受欢迎的品牌之一。“（它）是创造出酸味的先驱者。巧妙地保持了酸味与甜味间的平衡。”（中田英寿）藏元佐藤祐辅先生酿造的酒种类丰富且具独创性。与喝酒相比，更想体会这种创新的乐趣。

日本酒的资料

※ 价格全不含税

锅岛 纯米吟酿 山田锦

富久千代酒造
地址：佐贺县鹿岛市浜町八宿 1244-1
联系方式：0954-62-3727
720mL 1 750 日元 1 800mL 3 340 日元

东洋美人 壱番缠 纯米大吟酿

澄川酒造厂
地址：山口县萩市中小川 611
联系方式：08387-4-0001
720mL 3 500 日元

纪土 KID 无量山 纯米吟酿

和平酒造
地址：和歌山县海南市沟口 119
联系方式：073-487-0189
720mL 2 300 日元

作 惠乃智

清水清三郎商店
地址：三重县铃鹿市若松东 3-9-33
联系方式：059-385-0011
1 800mL 2 800 日元

泽屋松本 守破离

秋津地区山田锦 Saicd1292
松本酒造
地址：京都府京都市伏见区横大路三栖大黑町 7
联系方式：075-611-1238
720mL 5 000 日元

矶自慢 纯米吟酿

矶自慢酒造
地址：静冈县烧津市沙丁鱼岛 307
联系方式：054-628-2204
1 800mL 3 950 日元

黑龙 大吟酿 龙

黑龙酒造
地址：福井县吉田郡永平寺町松冈春日 1-38
联系方式：0776-61-6110
720mL 4 000 日元 1 800mL 8 000 日元

满寿泉 纯米大吟酿 特制产品

桝田酒造店
地址：富山县富山市东岩濑町 269
联系方式：076-437-9916
720mL 4 200 日元
（2018 年起售价 5 000 日元）

摩登仙禽 无垢 2018

仙禽
地址：枥木县樱花市马场 106
联系方式：028-681-0011
720mL 1 400 日元

伯乐星 纯米吟酿

新泽酿造店
地址：宫城县大崎市三本木北町 63
联系方式：0229-52-3002
720mL 1 500 日元 1 800mL 2 770 日元

胜山 纯米吟酿 献

仙台伊泽家 胜山酒造
地址：宫城县仙台市泉区福冈二又 25-1
联系方式：022-348-2611
720mL 2 500 日元 1 800mL 5 000 日元

No. 6 X-type

新政酒造
地址：秋田县秋田市大町 6-2-35
联系方式：018-823-6407
740mL 2 778 日元

日本特产

おみやげ

に・ほ・ん・も・の

文＝渡边纪子　摄影＝砂原文、大森忠明　造型＝池水阳子

赠送对方喜欢的礼物是基本的礼仪。
并且，谁都想送对方出其不意的礼物。
送美味的食物当然最好，但还是想送令对方记忆深刻的东西。

明治二十六年（1893 年）创业的京都老字号点心店“末富”，是很多精通茶道的人（不仅是京都人）喜欢的点心店。这家店在继承传统京果子的同时，富有进取精神，不断尝试超越传统和果子，开发出新的京果子。其中之一就是美丽可爱的“京风船”。他们把小小的麦糠煎饼比作气球，为了表现平安时代女官们根据季节进行的“套装的色调搭配”，用砂糖点缀了基本的红、白、蓝、绿、黄五色。除此之外，味道也很甜美。看照片会发现上面印着“Hide”(有的还有足球的图案)。这是中田英寿与该店第四代当家、朋友山口祥二聊天时想到的创意。中田说：“像这样，有只属于自己的特产，真是太感谢了。”“我认为如此轻软、入口即化的点心，世界上并不多。”在与山口先生商谈新点心构想时，用高木酒造酿造的“十四代”的酒糟制作的果子“京风船”也诞生了。这在传统和果子中刮起了一阵新风。

以自己的方式创造美丽的京都点心。

京果子店　末富　京风船

京菓子司 末富 京ふうせん

箱根 强罗温泉（神奈川县）

25 个 1 080 日元（含税）

地址：京都府京都市下京区松原通室町东入

联系方式：075-351-0808

在“京风船”上绘制图案，需另付制作费，制作时间大约需要一个月。

不能购买标有“Hide”字样的“京风船”。

Hide

中田英寿说:“即使从全国范围来看，北海道的甜点水平也很高。而且，在去北海道之前，不了解的东西太多了。”面粉好，乳制品好，原材料好，所以才可能烘焙出品质高的甜点吧。中田推荐“北果楼”的奶油泡芙“北之梦圆顶”。北果楼是以甜虾、墨鱼等制作年糕和蛋糕卷而闻名的北海道点心店。但是，知道这里还有 9 种奶油泡芙的人却很少。“北海道的品牌，很多是只有在这里才能买到的当地的品牌。所以，很多点心大家都不知道。但是，这里确实是个好地方。”

“北之梦圆顶”是巨型奶油泡芙，外皮加入威士忌烤制而成，口感松脆，很受欢迎。奶油是由北果楼特制的蛋奶羹和生奶油两层重叠而成的，味道醇厚，入口即化。“我认为在北海道的点心店中，北果楼的点心是最好的，口感好，我也喜欢它不走出北海道、坚守在此的姿态。”

偏爱北海道一切的理由。

北果楼 北之梦圆顶

北菓楼 北の夢ドーム

北海道 砂川市

1 个 180 日元 (含税)
砂川总店 : 北海道砂川市西 1 条北 19-2-1
联系方式: 0125-53-1515
“在北海道吃了 30 多根冰激凌，这家店的最好吃。”
中田每次必吃的是让其感动的香草冰激凌。

在街上走一走，从大公司到小面包房，能遇到各式各样的糕点。中田英寿打包票说：“从未吃过这么好吃的糕点。”他说的就是 NASU 糕点店中最受欢迎的烤面包。打开袋子的一瞬间，一股香味扑鼻而来，即使不喜欢吃面包的人也会按捺不住想吃的心。另外，它的形状也很独特。一口大小的圆滚滚的外观，面包的焦黄色烤得恰到好处。原材料是法式面包，这是经过反复试验摸索后制作出来的。中田原本以为面包可能太多了，但是因为“口感好，入口即化”，一袋迅速被吃光。中田说：“与其他面包相比，这个面包特别出色的一点是，从入口到融化，口感非常顺滑。而且，虽然脆，却很细腻。这种口感把握得很好。”如果买到了，就像中田所说的，一个人抱着一袋很快就会吃完。

酥脆、入口即化。
面包的平衡感。

NASU糕点店 烤面包

NASU のラスく屋さん こげパンだ

栃木县 那须町

130g 1 袋 500 日元（含税）

地址：栃木县那须郡那须町高久乙 586-905

联系电话：0287-78-3309

这是一种大草莓。切成两半，中间是白色。多汁，是吃一次就会铭记在心的味道。为了保证它的稀缺性，所以只在佐那河内村里的 24 家农家栽培，被誉为草莓中的极品。

在开始拜访栽培草莓的农家时，中田英寿就注意到："日本的水果甜味技术高超，在世界上是独一无二的。但是，技术只是单纯地提高了甜度，让水果变得更甜而已。甜度有时会导致胃不适，有时会让人感到很腻。此时平衡水果的甜味与酸味就十分重要。"桃子草莓很好地实现了二者之间的平衡。在知道这种草莓之前，中田一直以为草莓是蘸着炼乳吃的。"其实此次去也是偷偷带着炼乳的（笑）。"（中田英寿）然而，桃子草莓却不需要配炼乳吃，而是直接吃，中田第一次发现"很好吃"。据说因为太好吃了，他一直吃得停不下来。从此，他就决定以后只吃桃子草莓，而且直接吃是最好吃的。

原汁原味真好吃！

故乡物产直销所 桃子草莓

ふる里物産直売所 ももいちご

德岛县 佐那河内村

时价

地址：德岛县名东郡佐那河内村下字中边 44-2

联系电话：088-679-2224

因桃子草莓的栽培量很少，所以现在主要经营后续品种樱桃草莓。

山形酒“十四代”被称为梦幻名酒。中田英寿说，因与藏元高木酒造的第十五代家主高木显统关系很好，所以经常去山形县旅行。每次去旅行时，都会到处寻找、购买甜食，品尝是必不可少的。当然，事先的研究、信息的搜集也是不容忽视的。在旅行过程中，他发现了这家店的蕨饼。“质量很好。在软绵、松软、水分充足的诸多蕨类中，此地的蕨菜最佳。而且，黄豆粉做得更好吃。就像荞麦面，有时是汤汁好吃，但面不好吃，有时是面好吃，但汤汁不好吃。需要将两者平衡好才能得到最佳的味道，蕨饼也是如此。”用蕨粉做成的琥珀色的蕨菜饼，圆滑透亮。不用加蜜和砂糖，只需和香味十足的黄豆粉一起煎，就可以享受到微甜的食物。可以在店内享用，但中田说最好放置一天，味道会更好。“这就是蕨饼。而这家店，是即使身处别处，也愿意特地前往购买的一家店。”（中田英寿）

圆滑透亮是未知领域。

腰挂庵 蕨饼

腰掛庵 わらびもち

山形县 天童市

小盒（2~3 人用）650 日元（含税）
大盒（4~5 人用）1 300 日元（含税）
地址：山形县天童市北目 1-6-11
联系电话：023-654-8056

在诸多水果中，中田英寿最喜欢梨。其中味道惊人的梨莫过于梨屋与佐卫门的丰水梨。“吃的瞬间就会想‘这是什么，怎么这么好吃！’”咬一口刚摘下的新鲜的梨，果汁溢出。“味道不只是甜，而是甜中带着淡淡的酸味，口感醇厚。不要停，继续吃，会有意想不到的效果。”

这是多么美丽的田地啊。去千叶富里访问梨屋与佐卫门时，中田感到很吃惊。他们把草和树枝修剪得整整齐齐，宛如列队前进一般。而且，每根树枝上都结满了漂亮的梨。不知这样精心的保养要花费多少工夫。农场主田中总吉先生什么都没说，只是低下头沉思。

在日本，谈到 20 世纪的梨，任谁都会想到鸟取县，但是 20 世纪梨的发祥地实际上是千叶县。而且，千叶县日本梨的产量是日本第一。田中先生是 200 多年老字号农家的第 8 代传人。从其祖父开始种梨，至今已有 60 余年。最初只是在住所地种植，但是因住所地开发，田地和住宅紧邻，堆肥的臭味和尘土成了很大的问题。于是，他的父亲开始到自然资源丰富的富

我了解了梨的深邃世界。

梨屋与佐卫门 梨

梨屋 与佐ェ門 梨

千叶县 市川市 & 富里市

地址：千叶县市川市北国分 2-6-10
联系电话：047-375-0601
传真：047-375-1333

现在，这是栽培了“幸水”“丰水”“新高”“秋月”“香梨”“王秋”等品种。2000年，“王秋”被登记在品种登记簿，产量很低。从全国范围来看，梨屋与佐卫门的“王秋”栽培面积很大。

右页…外观优美的梨是“王秋”。作为应季水果可食用的时间很长，从秋天到冬天都可以吃到，甜味中带着淡淡的酸。从冬天到第二年春天，果实既甜又多汁。这就是“王秋”两次被公认为好吃的原因所在。

里寻找土地开垦、种植。他的父亲是种梨的名人，曾荣获多个奖项。田中虽然在父亲的劝说下到农业大学进修，但丝毫没有继承家业的志向，毕业后去了农药制造厂工作。但是，1999年，他因母亲生病，从公司辞职进入梨园。他想尝试做与父亲不同的事，于是将“田中果树园”更名为“梨屋与佐卫门”。听说他父亲对此极其反对。

因为以前和很多人交谈是田中工作的一部分，所以之后一个人在梨园工作让他感到很痛苦，很难集中注意力。想与他人讲话时，他便一边单手打电话一边工作。此前，由于梨园数年相继遭受自然灾害，他受到了巨大的打击。但每次，周围人给予的鼓励，他人对自己种的梨的期待，都会让他心怀感动。然后就会想“努力试试看吧”。继承家业的第 11 年，即 2010 年，田中先生种的梨，在“千叶梨味道自豪大赛”中荣获“农林水产大臣奖”，自此，在梨王国千叶县也声名大振。现在，尽管没有谈话对象，他也不会抱怨了，因为“我正在和梨对话呢”。只要想改变就可以改变，并且很快就会成功。自那以后，梨屋与佐卫门产出了让中田更为惊讶的梨。

右页…在“王秋”种植地里，每日和梨对话的田中总吉先生。
右…“王秋”的外形很独特。顶部窄，呈椭圆形。“新高”的形状酷似苹果。
左…最近大果增产，一般重600~700克，大的有1千克。

因为太好吃了，中田英寿在岩手的 1 周内买了 3 次这种豆沙面包。满满的鲜奶油绝对好吃，吃到的人都会很感动。“一般情况下，鲜奶油会经过高温杀菌，但是这种豆沙面包使用的鲜奶油却采取一次低温杀菌。不同的方式，新鲜度不同。这种豆沙面包奶味很浓。我很自信地认为这是日本最好吃的豆沙面包。”高桥先生听到中田的高度评价后很激动。

为了制作出浓郁的味道，在混合了全麦粉的南部小麦面粉中，用岩手县产红小豆特别制作了豆沙馅。“为了配合豆沙馅，尽量控制脂肪的含量。”同时订制了岩手县北部奥中山近郊的泽西种乳牛的鲜奶，整个房间装满了制作的特制鲜奶油。简直就是整个岩手产的豆沙面包。中田说：“馅、鲜奶油、面粉三位一体的相合性极好。”据说中田一次买了 20 个。

“请一定要在当地品尝一下。正因为这个鲜奶油豆沙面包，去岩手县才有了价值。”

为了这个豆沙面包，
才想去岩手县。

糕点 布鲁迪普利斯 岩手全鲜奶油面包

パティスリー　ブルージュプリュス　岩手まるごと生クリームあんパン

岩手县 花卷市

一个 216 日元（含税）
地址：岩手县岩崎花卷市 1-28-4
联系电话：0198-23-0480
中田的另一个推荐是花卷市的米粉和高山高，这是使用农家鸡蛋制作的、稍微有点硬的年轮蛋糕“英国海岸”。

故事要追溯到中田英寿在意大利帕尔马踢球的时候。同一时期，“棒球坊”的多田昌丰先生在当地学习制作帕尔马火腿的手艺。中田说：“事实上，我认为西班牙的伊比利火腿比帕尔马火腿更美味。但是，在吃到多田昌丰先生制作的火腿时，忍不住脱口而出，‘啊，帕尔马火腿，味道真好’。”中田觉得日本和意大利的工匠文化很相似。多田先生是日本人中，唯一一位被认可的制作帕尔玛火腿“波尔什”（帕尔玛手艺人这样称呼帕尔玛火腿）的手艺人，他也深深地感受到作为手艺人的自豪感。

“味道就不用说了，切法也很重要。俗话说，帕尔马火腿越薄越好，厚度不同，味道也完全不同。”因此多田先生举办了帕尔马火腿的食用方法研讨会。据说切块也很重要。“前几天，我去多田先生的工作室参观学习。”在那里，中田享用了意大利烤面包、波尔什、蓝布鲁斯科酒的最佳组合。

帕尔玛。
彼时，在同一个地方战斗。

棒球坊 波尔什（“金标签”18个月以上）

ボンダボン　ペルシュウ

岐阜县 关市

100克2400日元（不含税）
有18个月以上的“金标签”和15~18个月的“银标签”。

中田英寿盛赞道："我从来没有吃过这么好吃的炸肉丸。"这是滨松町一对老夫妇经营了30多年的炸肉丸专卖店。店主内林夫妇说："以前是肉店，不过后来想炸肉丸。肉店旁边经常有炸肉丸的店，但很讨厌那种店。于是下决心，要做的话就想做出真正好吃的炸肉丸"。材料很简单，只有土豆、洋葱、肉末，土豆是奶油状的，吃起来一点儿也不腻。中田说："一次能吃两三个。我觉得这是究极的菜。"另外，"也感受到原材料的新鲜"。土豆大多用的是北海道今金町产的"今金男爵"，5月至8月末，则使用静冈三方原产的土豆。店主说："洋葱越炒越甜，需要花费很多功夫和时间。"

这个炸肉丸叫作"口福炸肉丸"，"如果嘴里放了好吃的东西，人就是最幸福的了。没有人会因为吃了好吃的东西而生气吧。"这就是名字的来源。"因为炸肉丸是配菜，所以价格也涨了。我们一直在努力。"这家店，是长久以来一直被大家喜爱的店。

我觉得这个炸肉丸
很实在。

福内商店 口福炸肉丸

福内商店 口福コロッケ

东京都 港区

1个120日元（不含税），10个1296日元（含税）
地址：东京都港区滨松町1-27-5
完全预约制（10个及以上）。
日本桥高岛屋、伊势丹新宿店、伊势丹浦和店均可办理。
无论哪一种原始食材，都能炸出自己的风格。

早上 10 点。开张一小时前，位于东京西荻洼的糕点店雅典娜前就已排起了长队。既有慕名而来的海外客人，也有穿着拖鞋的街坊和年长的人。排队的人中，男女老少都有。中田英寿毫不犹豫地说："这是我最喜欢的西点店。"蛋糕上摆放了漂亮的糖果和面包。中田说："真不愧是全能糕点店。每一个都很好吃。综合评分很高。来这里的话，一定要买这里的曲奇饼干作为礼物带给家人或朋友。"

散发着法国布列塔尼香气的黄油饼干和薄饼，骄傲地坐镇甜点专柜。陈列柜中的蛋糕种类丰富。传统的法国点心圣诺雷，是用应季水果做的鲜奶油蛋糕，此外还有像现代艺术品一样的蒙布朗等。这些都是川村英树厨师独有的创意和味道。整个店充满了紧张感，打造出了其他人无法追随的品质，独一无二。所以，不管身处多远的客人都会来此。中田说："无论谁过生日，我都要在这个店买生日蛋糕。因为好吃的蛋糕能让大家开心。大家开心，我也开心。"

生日时买了
这里的蛋糕庆祝。

雅典娜 蛋糕

アテスウェイ　ケーキ

东京都 武藏野市

地址：东京都武藏野市吉祥寺东町 3-8-8 笠吉禅寺 2

联系电话：0422-29-0888

只关注了精美的蛋糕，实际上点心和面包也很不错。厨师的拿手点心黄油饼干特别引人注目。外表松脆，里面却很柔软。黄油的香味、甜味更是绝妙地凸显出盐的咸味。

右页…特制的草莓生日蛋糕4 800日元(含税，直径12厘米，因季节和制作方法不同而价格有所不同)。银色砂糖点缀着鲜奶油的荷叶边，颇为浪漫。

身材如运动员般的川村厨师带领着一群年轻的员工。透过厨房的透明玻璃，店内全景一览无余，厨师一边工作，一边留意接客是否顺利、工作人员和客人的表情如何……这与比赛中运动员的动作很相似。这一点或许也让中田产生共鸣。

厨师对食材十分考究，容不得半点马虎。用的鸡蛋是打碎后有弹性且起泡性非常好的国产鸡M号鸡蛋，而且只用动物鲜奶油。柔软的鲜奶油蛋糕上的水果随着季节的变化而变化，由桃变成洋梨，再变成草莓，鲜奶油的美味总是出类拔萃。面包和鲜奶油、时令水果一样柔软。所以，一下就会将其吞进肚里。然后，又想再吃一口。这里的糕点带给人这样的诱惑和喜悦。

虽然活跃的领域不同，但是中田先生和川村厨师在某些地方仍心意相通。因此，因两人的感知力而制作的点心诞生了。他们用日本酒制作了巧克力、曲奇、冰激凌…… “将中田先生的想法和自己的技术结合在一起，诞生了前所未有的食物，激发了自己的可能性。我期待看到更崭新的世界。”

左…除了蛋糕之外，面包和点心的种类也很丰富。川村厨师（照片右）。

右页上… 栗生奶酪450日元（含税），从下开始是水果糕点、柠檬奶油、烤好的芝士蛋糕、生奶酪蛋糕、鲜奶油重叠，口感和味道发生着变化。

右页下…果子语（草莓奶油蛋糕） 580日元（含税），在口中轻轻地消失了，像梦一样的美味。

à tes souhaits!
pâtisserie française

à tes souhaits!
pâtisserie française

后记

开始旅行的时候，我将自己的日记记录在 ReVALUE NIPPON（http://nakata.net/rnp）上。写这本书的时候，重新翻阅那海量的记忆和记录，才发现这次旅行带给我许多“财富”。

从有人岛最南端的碑所在的冲绳波照间岛，到最北端的碑所在的北海道宗谷岬，我的旅行共经过 47 个都道府县。原本打算一个县停留 3 ～ 4 天，半年到 1 年的时间就足够了。但是，实际开始访问各地时才发现，预估的时间远远不够。

日出时参拜佛阁神社，拜访了食品的生产者和制造业的能工巧匠，巡游酒窖，四处购买当地有名的特产。日落后回到旅馆。不管多么喜欢一家旅馆，也绝不会在同一个旅馆住两晚。并不是想来一场奢华之旅，而是想开始“发现”之旅。旅行过程很愉快。但是，并不是想“舒适”。正因为有目的，所以认真做该做的事，才能获得经验。

结果，旅行时间共花了 6 年半，行驶距离接近 20 万千米，

拜访了 2 000 多个人物及场所。很多领域的专家（农民、工艺家、日本酒藏元、传统艺能师、宫司、住持……），赋予了只有在日常生活中才能感知到的吃、喝、用的意义，教会我们与自然对话。如今，随着季节的变迁，人们开始享用当季的食材，热爱器具，品尝当地的美酒。无意间度过的日常时刻，变成幸福的时刻。这一切都得益于通过旅行获得的知识。

我现在仍会在稻米收割季结束后、酿造日本酒的时候，去参观酒窖，随着季节的变化到各地品尝当季美食。如果遇到喜欢的工艺作品，就会去拜访制作者，如果有新的旅馆，也会尝试逗留一晚。旅行教我认识到日本这个国家的富饶和魅力，旅行带来的这些知识、经验丰富了我的人生，让我每天都很幸福。

我希望以这本书向更多的人传递日本文化的精彩。

中田英寿

作者简介（刊登顺序）

千叶望　ちば　のぞみ

主要撰写日本的传统文化、古典音乐、艺术等方面的内容。著有《阴历的生活》《爱上旧东西——古董店的女主人们》《共同在陆前高田·正德寺，成为避难所的我家的140日》。为杂志*AERA*所写的人物报道也深受好评。

松本牧元　まっきー　まきもと

知名食评家。每年在外就餐约600次，在饮食评论、纪行、杂志投稿、广播、电视演出等领域表现活跃。在《味之手帖》《料理王国》《食乐》等杂志上连载多部作品。是《味之手帖》的董事编辑顾问，锅奉行协会会长。著有《超一流的札幌第一的制作方法》《成功酒馆》等。

富田昭次　とみた　しょうじ

对酒店和旅馆进行了长达40年的采访，从历史、文化、经营、建筑、料理、服务等各个角度写作。著有《怀旧酒店物语》《一个人享受旅馆》《服务向酒店学习》《“款待之心”的日本文化杂志》等。

山内史子　やまうち　ふみこ

游记作家。独立经营英国企鹅丛书。一边游历国内外的古迹遗地和有故事的地方，一边在旅行地寻找美食美酒。到目前为止访问了40个国家。著有《英国幻想曲漫步伦敦》《去红发安妮之岛》《日本“酒”之旅》。

渡边纪子　わたなべ　みちこ

食品记者，在世界各地取材食谱。*Hanako*杂志的创刊人，为《料理通信》、*CREA*、*BRUTUS*、*&PREMIUM*等众多杂志撰稿。近年来，做了很多关于工艺、染织的人间国宝的采访。